# 敬畏：
# 微量正念快速練習術

## The Power of AWE

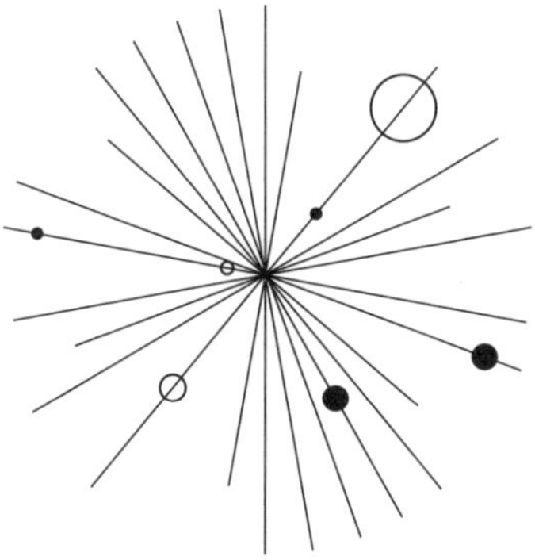

每天一分鐘，重構大腦認知路徑，
化解焦慮、倦怠、疼痛，當下活出健康

Jake Eagle, LPC 傑克・伊格爾
Michael Amster, MD 麥可・阿姆斯特——著
林資香——譯

Overcome Burnout & Anxiety,
Ease Chronic Pain, Find Clarity & Purpose
——In Less Than 1 Minute Per Day

## 傑克的獻詞

致漢娜（Hannah）

與你同在，即是與敬畏同在

此無二致

時光靜止，時光飛逝

看見美好

# 麥可的獻詞

致我的父母茱蒂・阿姆斯特（Judy Amster）

與哈維・阿姆斯特（Harvey Amster），

感謝他們無盡的支持與愛，

「如天高、如海深」；

感謝我的女兒夏娜（Shayna），

她是我最大的愛、喜悅、冒險，

以及無盡敬畏的源頭

# 目次



## 第一部 科學

## 第二部
## A.W.E. 如何運作



## 第三部
## A.W.E. 與正念的未來

## 第四部
# 隨處皆可 A.W.E.

## 第五部
## 發現敬畏

## 作者說明

本書中的故事皆來自真實案例，或由數個案例所組成。大多數故事中，姓名與其他識別資訊皆已被更改為匿名方式，以保護當事人的隱私。任何與真實人物的相似之處，無論是生者或是逝者，皆純屬巧合。

序言

# 一條通往超越的捷徑

身為終身的冥想者與正念導師，我們承認，當發現一條捷徑，僅需花費五到十五秒時間即可通往「超越」，幾乎感覺尷尬而難堪，因為這牴觸了我們之前所知有關冥想的一切。但沒錯，你只須在每天的日常生活中運用「敬畏」的強大情感就可能做到。在看到成千上萬名患者、客戶以及研究參與者一次又一次重複的成果之後，我們證明了這條捷徑——A．W．E．方法——確實可行，能為生活帶來深刻改變。

A．W．E．代表專注（Attention）、等待（Wait）、呼氣（Exhale）以及擴展（Expand），這項方法是一個五到十五秒的三步驟過程，一種「微劑量的正念」，或者說是經由科學實證的一種簡略、非正規的正念練習。A．W．E．方法能迅速讓我們融入敬畏情感，而這種令人難以置信的強大情感會誘發驚歎與高度增強的意識狀態，伴隨一些身心的顯著改變，從而改善整體、全面性的健康。

回想一下，你上次心生敬畏是什麼時候？置身於廣袤無垠的大峽谷，或是阿拉斯加的荒野？目眩神迷於最喜愛的表演者，或是在擁抱一個嬰兒時深深驚歎生命的奇蹟？你的臉上綻放微笑、雙唇微張，可能起了雞皮疙瘩，或是背脊生起一陣顫抖的涼意。敬畏的感受可能會持續幾秒鐘或片刻，或許更久；但毫無疑問，你的感受必然極為深刻。

這不僅發生在你的腦中。你所不知道的是，在經歷這類非凡的體驗時，某些不可思議的事也會在你的體內發生：神經系統發生變化，使你的「戰鬥－逃跑－僵住反應」（fight-flight-freeze response）不那麼活躍，而「休息與消化」功能則變得較活躍。換句話說，你平靜了下來，變得更有耐心，也不再那麼焦慮。但在此之際，你也充滿活力，進入一種興味盎然的狀態。促炎性白血球介素－6（interleukin-6，一種免疫調節蛋白）水平下降，倘若這種情況可以規律而頻繁地發生，將可有效減輕慢性發炎，並且降低你罹患心血管疾病、失智症、糖尿病、憂鬱症等各式疾病的風險；同時，催產素（愛的荷爾蒙）水平上升，使得你的整體幸福感以及與他人建立情感連結的意願，皆隨之提升。

這就是所謂的敬畏感受——而且上述效果與影響只是冰山一角。敬畏雖是一門尚未成熟的新興科學，但它證實了當我們經常感受這種情感時，會體驗到種種有益身心的改變，包括人際關係品質的提升，更強烈的喜悅感、知足感、對生活的滿足感，更高層次的認知處理，健康幸福感與正念的增進，免疫功能與發炎狀況的改善等。我們的研究證明了敬畏可以降低壓力、焦慮、憂鬱、孤獨、倦怠以及身體疼痛的程度，還可以緩解存在性焦慮（existential anxiety）；對於這種憂慮不安的心智狀態，目前已知的治療方法是宗教、藥物、否認，以及分心。

「敬畏」近年來引起了諸多關注。除了我們自己這項研究之外，它已成為數十項研究主題與焦點。根據敬畏的頂尖研究員達契爾・克特納（Dacher Keltner）與喬納森・海特（Jonathan Haidt）所述，「誘發敬畏的事件，可能是個人改變與成長最快速、最強大的方法之一。」註

但一個顯而易見的問題是：一般人無法每天到訪大峽谷或觀看他們最喜愛的表演者現場表演。由於無法每天感受到這種敬畏之情，人們可能會轉而求助於冥想，一種毋須任何成本、也不須舟車勞頓的練習，此方法已被證明具備了前述的眾多好處。然而我們觀察到，冥想需要大量的時間、相當程度的專注與努力，著實讓許多人為之卻步，亦無法熟練到足以充分體驗其好處的程度。簡言之，在我們這個忙碌的世界中，冥想對許多人來說宛如一塊絆腳石，尤其對那些連抽出十五分鐘時間給自己都做不到的人來說，別提要花上三十分鐘來冥想了。那些努力想讓自己的焦慮平靜下來的人，冥想亦可能成為

一種會造成壓力、而非帶來平靜的體驗，因為當他們冥想「失敗」時，反而會導致負面自我對話的循環出現。

這就是我們的研究與方法切入之處。在本書中，我們提供了一項經過臨床驗證的**三步驟過程，可在數秒鐘內將平凡的時刻轉變為誘發敬畏情感的體驗，為你開啟即刻見效、潛力無窮的個人成長與身心療癒的強大處方**。你在短短五秒鐘之內即可體驗到敬畏，而且不需要任何要求嚴苛的紀律或技能。更重要的是，相較於其他許多敬畏研究——必須仰賴研究人員將受試者實際帶到某些令人驚歎的所在、或是以虛擬實境的方式來模擬這種體驗——**我們的研究全靠受試者在日常生活中感受敬畏，包括在他們的家中、後院，以及人際關係之中。這不啻為敬畏的研究開闢出新的領域，也為所有人發掘出無限的潛在益處**。

我們對於敬畏的興趣其實是始於個人層面。傑克．伊格爾是心理治療師兼正念導師，以幫助他人減輕情感痛苦為業，但是對於自己從未在生活中感到滿足這一點，仍然相當遺憾。傑克擁有自己所描述的「三個H」（健康〔health〕、鍾愛的妻子漢娜〔Hannah〕以及坐落於夏威夷天堂〔Hawaiian paradise〕的家），不論是誰，都認為他理應欣喜於自己的人生，並為之雀躍激動、興奮不已。因此，他決定嘗試一項實驗，每天早上自問：「我對自己還活著感到興奮嗎？」

三週以來，傑克每天早上都問自己這個問題。很快地，他發現自己主動意識到、並專注於日常生活中那些真正令人興奮、激動的事物，從而帶來了影響——儘管沒有任何事情「真正」改變，但他開始對自己的生活感到更加積極。這項影響衝擊相當巨大，以致他在二〇一八年開始透過「生命意識」（Live Conscious，與漢娜共同創辦的組織）提供為期二十一天的「活著真棒」（Thrilled to Be Alive）課程。參與者自我描述的正面改變十分驚人，有人甚至這麼說：「我感覺被賦予了力量，就像一隻蝴蝶被釋放到一個全新的世界，從截然不同的角度去觀察生活，亦對生活做出全然不同的回應。」

藉由這門課程，傑克發現某些事情引起他的注意。他要求參與者每天冥想十分鐘，藉以提高他們的意識層次並盡可能從課程中獲益；但他也很快明白，大約有半數的學生並未練習冥想，因為沒有時間。為了解決這個問題，他提出一次冥想幾秒鐘的點子，於是每個人都同意在一天中至少抽出幾秒鐘來進行這種微冥想（micro-meditation）。

麥可．阿姆斯特醫學博士是疼痛管理專家兼正念導師，剛好參與了傑克這門課程，建議把這些**僅需花數秒鐘時間的冥想稱為「微劑量的正念」**，這個點子傳神地表達了微冥想的精髓所在。

微劑量正念所產生的功效，讓兩人都大吃一驚。傑克在課程結束時所做的一項調查顯示，只進行微冥想的學生描述他們從課程中的獲益，相當於或大於那些每天進行較傳統、長時間冥想的學生所獲得的益處。

當傑克檢視調查結果時，驚訝地發現，這些參與者所分享的許多描述，竟讓他想起在麥可・波倫（Michael Pollan）的《如何改變你的心智：迷幻藥的新科學》（*How to Change Your Mind: The New Science of Psychedelics*）一書中所讀到的內容，波倫提到了四十次的敬畏。敬畏這個字引起我們兩人的共鳴，因為我們都經歷過充滿個人挑戰的時期，但透過這次短暫的練習，感受到情感與心理上相當程度的慰藉。

這種簡化版正念練習的成效讓我們印象極為深刻，因此決定解構它並找出使它如此深刻的原因。在夏威夷，我們花了一星期的時間只專注於這項計畫，跟漢娜一起思考波倫的書與對於敬畏的現有研究。在夏威夷天堂般的環境下，一起體驗了許多戲劇性、令人敬畏的時刻。我們確定，**感受敬畏情感需要集中專注、等待時機，以及呼吸——特別是呼氣。我們以一個適切的首字母縮寫詞A・W・E・來綜稱這次的經驗。**

後來發生了某件事，為這個方法添加了一個令人興奮的面向。一天早上，麥可正在做鬆餅，這本是一件他已做過幾百次的日常瑣事，卻在這時自發性地進入了敬畏的狀態。在那個簡單的時刻，全都水到渠成了。雖然微劑量的正念（又稱為A·W·E·）所帶來的敬畏時刻成效斐然、非比尋常，但更令人驚訝的是，這項方法可讓人**在尋常中發現敬畏時刻**。在這個例子裡，發生於麥可正看著麵糊在爐盤上汩汩冒泡的時候。我們愈來愈接近答案了。

## A·W·E·果真可行

在夏威夷的這一天，也就是麥可在做鬆餅時進入敬畏狀態的這天，決定了我們的命運。我們決定要檢驗並分享這項感受強烈而深刻的練習，於是，各自進行了一項前導性研究，在為期三週的時間內，傑克將「A·W·E·的方法」教授給他的一組客戶，並評估他們在上課之前與之後的心理與情感健康狀況。這些參與者都描述自己的壓力與焦慮減輕、與他人的連結感更加緊密、幸福感也增強了。同時，麥可也在一門團體課程中將這項方法教授給十五位慢性疼痛患者，這些患者亦描述自己的慢性疼痛減輕、劇烈疼痛復發的頻率降低、焦慮與憂鬱感得到緩解、與他人的連結更為緊密，幸福、感恩、慷慨的感受也增強了。

可以看出，我們即將發掘的事物具備了巨大的潛力。麥可找到達契爾．克特納博士，他不僅是加州大學柏克萊分校心理學教授、更是研究敬畏情感的宗師，麥可與他分享了我們的成果。**克特納博士非常熱情地回應，並說我們的方法代表了「正念的未來」**。

克特納的回應讓我們既震驚又深感榮幸，這位浸淫於敬畏研究的社會心理學家與研究者竟然告訴我們，**我們碰巧發現了某些深奧的事物**。為什麼他對A．W．E．的感受如此強烈？他在這種非正式的正念練習中看到了什麼？我們知道**A．W．E．不同於其他的正念練習，在於它是如此迅速而簡單**；但是，仍須確認這項前導性研究不是僥倖成功，必須對更多人測試這項方法，而不止是幾十個人。

克特納協助我們在加州大學柏克萊分校開設了兩項研究，一項在加州費爾菲爾德（Fairfield）北灣醫療中心（NorthBay Medical Center），三百多名病患以及他們希望參與的親朋好友，是我們測試的樣本；第二項研究廣及全美各地兩百多位醫院工作人員與第一線的醫護人員。兩項研究皆檢視了憂鬱與焦慮感、孤獨感、壓力、慢性疼痛以及幸福感的程度，但只有醫護群組測試了以A．W．E．對抗倦怠的效果。這些研究是在COVID-19疫情最嚴峻的時期進行，因此，醫院工作人員（尤其第一線醫護人員）所承受的壓力比平常更大。

於此同時，在我們自己的生活當中，也隨即感受到這項發現所帶來的影響。開始微劑量正念練習後不久，六十五歲的傑克在看法上產生了巨大改變。生平頭一遭，他對自己的生活深感滿足。四十多歲的麥可在學著接受自己成為空巢老人之際，也經歷了類似的轉變。我們的實際生活環境並沒有任何改變，只是找到一種可以規律體驗敬畏的方法——而且是在被要求去做的情況下。在擔任正念導師與人類疼痛緩解者的這些年來，我們從未體驗過任何像敬畏（來自微劑量的正念）這般快速而強大的情感。

那麼，感受敬畏意味著什麼？**我們將敬畏定義為「一種情感的體驗，在這種體驗中感受某種事物當下的存在，超越了我們對世界的正常感知。」**這聽起來或許像是一件不得了的大事，而它也確實如此。但這項練習本身極其簡單，一次只須花上短短五到十五秒鐘時間。你現在就可以親自嘗試看看。

## A·W·E·方法

專注（Attention）意味著將你的全副精神與注意力集中於某件你所珍視、欣賞、驚歎的事物上。環顧你所在的房間，找出某個你珍惜與欣賞、特別美麗的物事，仔細檢視它，認真地觀察它。如果它是一件小東西，把它拿起來，開始注意它的每個細節。如果它是一株植物，觸摸它的葉子，注意它的紋理、顏色以及氣味，注意它內在的生命。如果它是一幅畫，想像正在作畫的畫家，並注意畫的深度、光影以及色彩。

**等待（Wait）**意味著放慢速度或暫停一下。所以，做個深呼吸——在你欣賞家中的這件珍貴物事時，深吸一口氣。

最後一個步驟是**呼氣（Exhale）與擴展（Expand）**，放大你體驗到的所有感覺。當你呼氣時，做一個比平常略微深沉的呼氣，讓你的感覺盈滿內在並逐漸擴展開來。你注意到了什麼？你微笑了嗎？你放鬆了嗎？你是否察覺到肚腹中有一股暖意？你的目光是否變得柔和、雙眼是否因對這件珍貴物事滿懷感恩而濕潤？是否感受到一股能量的激增或釋放？

恭喜，你剛剛經歷了敬畏體驗。

---

註：Dacher Keltner and Jonathan Haidt, "Approaching Awe, a Moral, Spiritual, and Aesthetic Emotion," *Cognition and Emotion* 17 (2003): 297–314.

# 科學

第一部

# 01

# A.W.E. 的科學

二〇二〇年五月三十一日，全美各地的新聞頭條都帶著天啟事件般的色彩，宛如預示世界末日般的大災難：「不斷蔓延的抗議活動可能失控，呼籲大眾保持冷靜」、「在世界上最富有的城市之一日內瓦（Geneva），領取免費食物的隊伍竟長達一英里」、「為什麼我們無法預見疫情蔓延的長期影響」、「白宮周圍的建築物都用木板封住，為了在可能發生更多抗議活動而被破壞的情況下保護貴重財物」。

就在COVID-19疫情一發不可收拾、高失業率、領取免費食物的隊伍大排長龍、政治衝突、抗議活動、種族騷亂不安等一片混亂失序，以及不確定性充斥的情況下，我們與國內敬畏研究的頂尖人員一起展開了兩項堅實的研究，測試以A·W·E·方法緩解焦慮、憂鬱、孤獨、倦怠、壓力、慢性疼痛等所有身心健康問題的功效。找到合格的參與者完全不成問題。

可以肯定的是，人們承受的壓力更甚以往，部分原因是由於我們被要求隔離。根據《紐約時報》（*New York Times*）報導，二〇二〇年四月，疫情爆發後一個月左右，全美有四十二個州實施了居家建議或就地避難政策（shelter-in-place policies），至少對三億一千六百萬人造成影響；[1]節日與其他大型聚會都被取消，朋友與家人也被分隔開來。

被建議正常外出工作者只有專業醫護人員、雜貨店店員、卡車司機等不可或缺的從業員工。對許多人來說，在家工作並透過視訊會議與他人聯繫已成為生活常態，孤獨寂寞也是如此。儘管有些人逐漸喜歡上這種安排，但仍有許多人對與同事、與外界缺乏聯繫感到不安。

數百萬人發現自己突然沒了工作，不僅面對隔離孤立的問題，還導致緊張焦慮的財務壓力。疫情爆發之初，隨著大多數餐廳與公司行號結束營業，超過兩千萬人被迫休假或被解僱，這個數字有增無減。

於此同時，醫護人員被大量工作淹沒，他們戴著口罩與面罩、穿著長罩衣長時間工作，看著比以往更多的病人孤獨死去（封城使得人們無法到醫院與療養院探視他們摯愛的家人與親人），還要面對染上冠狀病毒的威脅。口罩供不應求，連醫院員工也面臨供應短缺的問題；在許多城市中，所有可用的呼吸器都已用罄，疫苗尚未成為關注的焦點，沒有人能確定病毒會帶來什麼樣的長期影響。

## 疫情爆發後，令人驚歎的敬畏視角

由於疫情大爆發而採取的封城措施，使得二〇二〇年全球二氧化碳排放量下降了百分之六點四，也就是二十三億噸，相當於日本年度二氧化碳排放量的兩倍。

豺狼出現在特拉維夫市（Tel Aviv）寂靜的街道，赤蠵龜在佛羅里達州空蕩的海灘上產下更多的卵，瀕臨絕種的水獺也出現在智利市區。威爾斯（Wales）的蘭迪德諾（Llandudno），野生喀什米爾山羊悠然地在城裡四處遊蕩，甚至大啖樹籬。

明尼蘇達州北方一處極受歡迎的觀光與戶外休閒城鎮——大沼澤城（Grand Marais）——凸顯出異常寂靜的氛圍。沒了車水馬龍、觀光人潮以及來自加拿大的半掛式卡車（由於邊境關閉），一位當地居民談到，自己竟得以坐在平時繁忙的道路旁，享受片刻寧靜時光。

大部分新興研究皆指出，疫情爆發讓我們感覺更憂鬱、焦慮、壓力沉重、孤獨無依。據估計，罹患心理健康問題的人數比疫情爆發前增加了三倍。老年人、獨居者以及年輕人似乎受苦最深。[2]

當時，如何妥善因應COVID-19 疫情後續影響的相關研究，十分有限。在疫情流行初期，不確定氛圍彌漫，我們與加州大學柏克萊分校進行的研究證明，規律的A．W．E．練習可以減輕憂慮、焦慮、孤獨、倦怠、壓力、慢性疼痛等症狀，並且改善整體幸福感；同時，這個方法不僅對普羅大眾有效，對醫護人員也行得通——甚至在他們承受的壓力與風險更甚以往之時。研究持續了三週，我們觀察到**參與者愈常體驗到敬畏情感，在健康方面的受益就愈多；換句話說，敬畏時刻發生得愈頻繁，負面症狀減輕的程度就愈大，從而提升整體的幸福感**。而當參與者在三週的研究期間內逐漸養成運用A．W．E．方法的習慣時，敬畏的體驗不僅會發生得更頻繁，自發性也會提高，感受度亦會愈來愈強烈。A·W·E·不僅適用於過勞的醫護服務提供者，也適用於壓力極微、或甚至沒有任何壓力，以及心理狀態健康的人，且無關乎種族、性取向或社經地位等因素（儘管有些研究發現，文化與收入會影響我們對敬畏體驗抱持開放心態的可能性；同時，經濟地位較低的人較容易感受到敬畏）。[3]我們從研究中得知，A·W·E·也適用於從未嘗試過冥想以及難以持續正念練習的人。訓練有素的冥想者往往會對這項方法竟可如此快速與容易上手，深感驚訝。

在並未爆發疫情或混亂之時，A·W·E·可以幫助我們對抗忙碌不堪、令人苦惱的生活。這是一種緩解劑，暫時鬆弛緩和我們不曾間斷的努力，這些有時只為了證明自己的價值。假以時日，A·W·E·會讓我們從這種成就與自我提升的無止境循環中解脫出來；**而我們仍可取得成就、達成提升，但毋須無止境的努力與奮鬥**。

A·W·E·是普遍通用的，可幫助來自不同文化以及各行各業的人們。瑪希亞里（Marshiari）是一位女性，住在九百多萬人口的墨西哥市中，她在人生最孤獨、最緊繃，也最低潮的時候，加入了我們的研究。

## 一杯滿溢出來的水

瑪希亞里三十多歲時在家中照顧兩歲多的幼子，卻在此際被診斷出罹患惡性乳癌。儘管她對藥物過敏，醫生還是開了她身體可承受的最高劑量化療藥物，包括過敏性休克等可怕的副作用，更形加劇她已然緊繃至極的情緒壓力。瑪希亞里本來可以接受若干諮詢協助，但她只負擔得起在公立腫瘤醫院的治療費用，而該醫院並不提供心理諮詢服務。

憂鬱沮喪、懼怕死亡、悲痛自己可能很快就要失去一邊乳房……就在她即將被所有治療壓垮時（同時還要擔心治療無效），她覺得不僅正在失去健康的身體，也快要失去理智了。

這是瑪希亞里參與我們這項研究時的狀況。

瑪希亞里是因為需要幫助，而且信任加州大學柏克萊分校的名聲，因此報名參加。本以為自己或許得先研讀若干檔案資料，也並不知道應該對研究結果抱持什麼樣的期待；因此，後來讓她大為驚訝，只須完成「感受生活中令人驚歎的事物這項美好而愉快的活動」就可以了。這項活動並未改變瑪希亞里的癌症診斷，但的確改變了她感受疾病的方式。

"我開始在晚上練習A·W·E·。我會躺在床上，因為痛苦難當的化療讓我感覺悲慘不已。我望向窗外，專注於眼前美麗的景致。注視著天空、山丘，或是我家附近一座小坡上正在吃草的牛群，沉浸於當下，忘了肉體上的病痛與不適，開始自然地呼吸。

短短幾分鐘內，我就感受到希望與愛融入了我、成了我的一部分。每當我練習A·W·E·，對自己活著的每一天、對自己承受治療並逐漸康復的身體、對丈夫與孩子給予我的無條件之愛，都充滿了感激之情。有時，我覺得想哭，對於自己浪費時間去擔憂那些無法控制的事而感到內疚。我內心有些東西正在改變：恐懼逐漸枯萎、幸福逐漸滋長。"

那年稍晚，二〇二〇年十二月，瑪希亞里動了乳房切除手術；二〇二一年四月，她正式結束了癌症的療程。這時，瑪希亞里很期待能見到她的朋友們並一起慶祝，但COVID-19的疫情仍然如火如荼，因此她有點沮喪，不過，還是繼續練習A·W·E·。

這次疫情對我們大多數人來說都是一場噩夢，但我能做到待在家裡而不感覺孤獨、憂鬱或是焦慮。老實說，有時我覺得自己就像一杯快要滿溢出來的水……當我練習A・W・E・，會重新收攝心神、找回自我中心，可怕的思緒也隨之消失。[4]

## A・W・E・練習造成的巨大改變

若說A・W・E・可以改變我們的人生，一點也不誇張。這並不是說，它改變了我們所做的事、居住的地方，或是醫學診斷；而是**改變了我們如何體驗這些時刻的方式**。這些成果反映在客戶、學生、患者以及研究參與者身上，包括不吝與我們分享故事的瑪希亞里。

以亞倫來說，他給的小費比以往更多，在機場遇到班機延誤等惱人狀況時，也比較不容易感到沮喪。好一陣子不曾見到面的人，說亞倫好像變高了，而他將這種感覺歸因於他站著的時候，心胸更開放、更放鬆了。

湯姆，他希望在任何狀況下都能找到一絲希望，即使是去看牙醫時——一項讓他大半輩子都懼怕不已的活動。現在，他很確定自己經歷了某些正面的體驗，不論是與牙醫助手的愉快對話，或是一份健康良好的報告。

奧莉薇亞在認識新朋友時，**不再那麼在乎別人對她的看法，而更感興趣於與他們建立連結**。她在對話中感覺更真實、更放鬆，因此，人們似乎也更喜愛有她陪伴了。

蜜雪兒不再糾結於她無法控制的事情上，也發現她不再毫無理由地擔憂。現在，她**感覺自己更有彈性，情感依附性（attachment）降低、流動性（fluidity）提高**，這有助於緩解她經常感覺到的頸背緊繃感。蜜雪兒相信，她最親密的家庭成員也覺得她更樂於幫助他們、更專注於當下。

安琪拉現在能以更美好的角度來看待生活。她感受到某種比她的生活與她自己更偉大的事物之美，並與其建立連結。**她的自我同情心（self-compassion）提升，不再為不安、不適或處境艱難的情況而自責**。她的伴侶觀察到，她現在不太會花時間在察覺到的問題上感到難過或內疚。安琪拉用一個盒子來比喻A·W·E·對她生活的影響：

> ❞ 有時我發現自己被困在一個盒子裡，而這個盒子是由一個故事編造而成；在這個故事中，我讓自己感覺遺憾與不足。為了逃脫這個盒子，我先找到我

的安全知識：我很健康、被愛、有飯吃、有住處，也毋須擔心會受到任何身體上的傷害。安全感就像是一種踏腳凳，讓我能有穩固的立足點並提升我的高度。然後，我想起了我的A・W・E・練習。關注並冥想某些美好、超凡的事物，足以提升我的高度，讓我得以從盒子邊緣往外窺看：我看見美、看見新的觀點與遠景。**我看見選擇。**[5]

這些都是人們所經歷的真實改變，他們運用A・W・E・練習來感受敬畏。每個人都描述自己在個人成長上產生了巨大、不費吹灰之力，而且往往是自發性的躍進。如果在練習A・W・E・之前與之後，各拍一張快照，會看出其中的差異。或許是身體上的不同，或許是他們看起來有多麼放鬆（或高大），但大部分的差異在於言行舉止變得輕快與放鬆。困難仍然存在，但這些狀況不再那麼困擾他們了；對他們來說，人際關係變得更輕鬆自在，原本艱難的對話也變得更平易友好、毫不費力。

A・W・E・所產生的改變顯而易見，而且往往證據確鑿。在你深入了解本書或開始熟稔這個方法之前，我們想請你嘗試一個小實驗，花一分鐘回答下列「性格正向情感量表」（Dispositional Positive Emotions Scale），該量表檢視一個人體驗七種正向情感（喜

# 性格正向情感量表——敬畏分量表

以1到7級（感受程度最強烈為7）為下列敘述的感受評分：

我經常感受到敬畏。

我看見我周遭的事物之美。

我幾乎每天都感受到驚歎之情。

我經常在我周遭的事物中尋找模式。

我有許多機會能看見自然之美。

我尋找體驗以挑戰我對世界的理解。

計算你的得分，這項分數的範圍是從6到42；你的分數愈高，就愈能自然而然地感受到敬畏。[6]

悅、滿足、自豪、愛、同情、歡樂、敬畏）的自然傾向程度。有些敬畏的研究者在開始研究之前，會利用該量表來評量參與者當下的敬畏傾向，我們也想請你這麼做。把你的回答保留下來，稍後，我們會請你再做一次，以比較練習A．W．E．之前與之後的答案。我們認為結果會讓你感到又驚又喜。

## A．W．E．做為一種介入措施

我們可以將A．W．E．方法視為一種醫療介入措施，亦即一種工具，用來打斷不需要的思緒與感受過程，不僅轉變神經系統，最終還能改變生理機能。據我們所知，沒有任何其他的介入措施能像A．W．E．一樣快速地誘發敬畏狀態。

有幾個原因讓我們知道A．W．E．是一項強大有力的工具。首先，這項方法引導我們在日常生活中就能感受敬畏，譬如在切蘋果、剝香蕉皮時。其次，在數秒鐘之內就能快速感受敬畏，毋須預定一趟飛往世界七大奇景的航班，或是每天冥想十分鐘或更久時間。再者，我們不僅可以運用A．W．E．來應對艱難的感受與經驗——正如瑪希亞里與其他人在COVID-19疫情流行高峰期的經歷，當時對許多人來說，壓力、焦慮以及對於生存的憂懼都達到了最高點——更可以在任何我們想要的時候，感受耐心、平靜以及強烈的幸福感，宛如漣漪般在我們的每一天擴散開來。

許多研究探討了冥想等正念練習的好處，並證實這些練習可以減輕壓力與焦慮。也有研究檢視了敬畏情感如何為我們所用，使我們變得不那麼物質主義，更富同情心，憂鬱感也減輕了。做為一種簡單的正念練習，A·W·E·讓我們**魚與熊掌兼得：僅需幾秒鐘，不論我們身在何處，都能獲得與正念練習及敬畏相關的好處**。這正是我們的研究證明的結果。

## 將敬畏帶入實驗室

敬畏是一種強大的情感，與宏偉、壯觀、驚人的事物有關。因此，如何在呆板枯燥的實驗室環境中激發敬畏，需要研究人員發揮創意。首先，他們必須找到方法，讓這些置身於受控環境中的人們的情感，被誘發出來；其次，必須清楚如何評量這種情感。

為了激發參與者的敬畏感受，研究人員有時會利用虛擬實境（virtual

reality, VR），一種電腦產生的3D模擬，戴上虛擬實境的護目鏡或頭盔來體驗。舉例來說，如果你曾經在迪士尼樂園搭乘過虛擬實境的雲霄飛車而興高采烈（或是覺得噁心想吐），你就知道它感覺起來有多麼真實了。虛擬實境讓人們有身歷其境的感受，即使這個所在是虛構出來的。

評量參與者的敬畏感，往往涉及自我陳述的方式。舉例來說，他們會被要求在觀看某些激發敬畏情感的影片或幻燈片後，在日記中記錄自己的敬畏感受；或者，藉由填寫「性格正向情感量表」來確定自己感受某種情感的可能性有多大。有時，也會被要求回憶或想像某次感受敬畏的經驗，以便誘發出這樣的情感。

在某些情況下，研究人員並未告訴參與者這些練習旨在激發並評量敬畏；敬畏的研究隨著「敬畏漫步」（awe walk）而改變。在研究中，人們被指示在大自然中漫步，要刻意留心尋找能激發他們敬畏情感的事物。

除了敬畏漫步之外，A·W·E·是我們所知的唯一介入方式，可以用在日常生活中，對尋常事物（即便是在實驗室的環境下）激發出完整的敬畏體驗。

我們的研究仰賴問卷與日記形式的自我陳述。在正式展開之前的準備日，參與者須填寫一份四十五分鐘長度的「進入調查」（entrance survey），以評估他們的身心以及情緒健康的基線水平。在二十一天的過程中，參與者須參加四場六十分鐘的線上A．W．E．講習，我們會談到敬畏和A．W．E．方法，也會討論到焦慮、可行性焦慮（actionable anxiety）與存在性焦慮的差異，以及這些焦慮如何藉由A．W．E．得到緩解（第十章會進一步討論這些差異）。最後，討論力量與存在。換句話說，A．W．E．不會涉及艱難嘗試、奮力爭取以及評判斷定。由於人們在學習新技能時往往會自我評斷，因此，我們鼓勵參與者毋須擔憂他們的練習進行得如何；就像耐吉（Nike）的廣告詞，希望他們「做就對了」（just do it）。

我們要求每位參與者每天至少練習三次的A．W．E．，每次只須花大約五秒到十五秒的時間（每天不到一分鐘時間）以鍛鍊他們的「A．W．E．肌力」。為了幫助他們記得練習，我們提供了標有「專注．等待．呼氣與擴展」的腕帶；大多數人發現這些腕帶很有用，至少在一開始時可發揮提醒的作用。我們還邀請參與者在網站上（ThePowerOfAwe.com）分享他們的敬畏時刻，網站上特別刊載了使用A．W．E．方法的人們所發布的一連串照片與文字。在整個研究過程中，許多參與者提出了問題，不必然是關於如何進行微劑量的敬畏練習，而往往是他們運用A·W·E·的經驗；參與者尤其對發生在他們身上的事感到好奇，因此每隔三天，我們就會以一封電子郵件概括地回答所有人的問題。

除了第一天（正式展開研究之前的準備日）與最後一天（第二十三天）之外，研究進行期間的每一天，我們都要求參與者填寫一份五分鐘長度的日記調查，以便評估他們當下的身心與情感健康水平，以及遵循A·W·E·這項介入措施到什麼程度。在第二十三天，參與者須完成一份四十五分鐘長度的「退出調查」（exit survey），與「進入調查」幾乎相同。

此結果恰好呼應了規模較小的前導性研究。藉由這些日記、「進入調查」與「退出調查」，以及整個過程中所採取的各種方法，得以追蹤參與者在統計上的顯著變化。

A·W·E·帶來了下列結果：

- 身體上的壓力症狀減輕，包括疼痛
- 感受的壓力減輕
- 憂鬱與焦慮症狀減輕

- 孤獨感減輕
- 倦怠感減輕
- 正念認知與幸福感的整體改善

較之許多耗時費力的正念練習與其他治療介入措施，數秒之內，A·W·E·即可達成相同或更好的結果。以下讓我們仔細檢視其中的若干發現。

> 過去多年來，我始終處於焦慮、恐懼、滿懷敵意、活躍亢進的心態之下。A·W·E·激發出我孩子般的好奇心，以及觀看、聽見、聞嗅我周遭生命的喜悅。早晨醒來，聽到窗外傳來各種不曾聽過的鳥鳴聲，讓我平靜地展開新的一天。每天，僅是往外俯瞰我們的水磨石，就讓我深感敬畏；每當我發現自己變得煩躁時，只須環顧周遭的某些事物，就能立即感到喜悅。我的生活變得更加愉悅，而我確信認識我的人也能察覺到並感謝我的轉變。[7]
>
> ——丹尼絲（Denise）

## 憂鬱與焦慮

憂鬱症與焦慮症不但常見，而且深具破壞性。在美國，自一九八〇年代末期以來，憂鬱與焦慮症不斷高漲。以全球來說，罹患憂鬱症與焦慮症的人（占全球疫情前人口的百分之八、疫情期間人口的百分之五十九），比罹患任何其他心理健康問題的人還多。[8]這些病症對我們的困擾程度，從輕微到嚴重不等。

憂鬱與焦慮雖是心理健康的問題，但也會影響我們的身體層面。即使只是輕微的憂鬱與焦慮症狀，亦會改變我們的健康與幸福感受，造成消化、心臟、呼吸、睡眠以及甲狀腺等方面的問題。

目前，針對憂鬱與焦慮的介入措施包括了藥物治療、談話治療、正念以及運動。這些治療，某些時候對某些人有效，但研究顯示在大多數情況下，並無足夠有力的證據可以肯定地說，我們目前為幫助數百萬罹患憂鬱症與焦慮症的人所做的事，已足以解決他們的問題。

治療憂鬱症十分棘手，部分原因是由於造成憂鬱症的病因形形色色，從生產、經歷創傷或失去摯愛之人，到心臟病發作都有。藥物往往只是用來治療憂鬱症狀，而非治療造成憂鬱症的根本原因。這或許可以部分解釋美國疾病管制與預防中心（Centers for Disease Control and Prevention）的一項調查結果，此結果指出，美國有超過百分之十三的成年人服用抗憂鬱藥物來控制他們的憂鬱症[9]，雖然藥物幫助了許多人，仍有改善空間。最近一項研究顯示，抗憂鬱藥物無法改善大多數人在健康方面的生活品質。[10]

醫學與心理學也未能找出治療焦慮的長期解決方法。**認知行為療法（cognitive behavioral therapy, CBT）是一種幫助患者改變無益思考模式與行為的治療模式**，已被證明可降低一般性的焦慮症；儘管很有幫助，仍是一種形式上的努力。也就是說，我們必須設法對自己憤怒或害怕的事物想出更合適的反應，努力去變得更好。

一些原廠藥品例如贊安諾（Xanax）、利福全（Klonopin）、煩寧（Valium）以及安定文（Ativan）等抗憂鬱藥物，見效極快，但並非最終的治癒方法，藥物終究會逐漸失效，於是焦慮再度死灰復燃。尤其是對於那些沒能採取其他措施來移除生活焦慮來源、或是沒能學會有效因應焦慮來源的患者來說，更是如此。

再者，有些用來治療焦慮的藥物，例如苯二氮平類藥物（benzodiazepine）會讓人產生依賴性，並且在持續使用後，身體會對藥物產生耐受性，使得藥效逐漸減弱。為了彌補降低的藥效，人們傾向服用超過處方規定的劑量；如果這種情況發生，已深感焦慮的人可能又會因為對藥物上癮而更加焦慮。

正念練習能緩解憂鬱症的劇烈症狀以及焦慮症程度較輕微的症狀，這個事實早已為人所知。[11] 正念認知行為療法（mindfulness-based cognitive behavioral therapy, MCBT）在預防重度憂鬱症（major depressive disorder, MDD）復發方面，展現出顯著的成效；[12] 這項行為療法結合了正念與認知行為療法，同時，面對面團體療程亦提供了社交互動的額外好處。我們發現，對正念認知行為療法與其他療法來說，A·W·E·是一項方便的選項，也是治療憂鬱症與焦慮症的寶庫中一項新增的補充方法。

透過研究，我們確信A·W·E·是一項極為有效的工具，不但能緩解憂鬱症與焦慮症，甚至能加速談話治療的進展。A·W·E·之所以有效，部分原因是它以困擾、苦惱我們的根源（心態）為目標，並邀請我們以新的視角來看待自己的處境。

在探討A·W·E·對憂鬱症與焦慮症的成效研究當中，我們將參與者分成兩組：醫護人員與一般民眾。練習三週之後，兩組參與者都經歷了顯著的改善：醫護人員組的憂鬱症狀降低了百分之三十五，焦慮症狀降低了百分之二十一；而一般民眾組表現更加明顯，憂鬱症狀降低了百分之三十六，焦慮症狀降低了百分之二十四。對一項免費又無害的練習來說，這樣的結果令人印象深刻，而且效力比例與時俱增。更驚人的是，兩組之中自述在練習A·W·E·之前患有輕度憂鬱症的參與者，在練習後描述自己所有的憂鬱症症狀都消失了。

我一直相當焦慮，而且焦慮感難以控制。但是若我曾漫步於大自然中，停下腳步並專注於大自然的色彩、氣味、空氣的感覺，我會不斷回到這裡，回想起這裡的一切。我沉浸在樹葉的色彩中，聆聽它們在季節變化中所發出的窸窣聲響。即使在焦慮感難以控制的情況下，**大自然始終是我的敬畏良藥。如果我們在自己的心智與心靈中保有那樣的空間、盡可能讓敬畏進入，它就會成為一份禮物，永遠等著為我們所用。**當伴侶與我遭遇困難、我的心智在焦慮的道路上迷失時，我會重新專注於金黃的秋葉上，它讓我想起季節、我學到的課題，以及我接受的滋養，也提醒我這裡的一切以及何者為真——不論眼前有什麼障礙。我對A·W·E·的練習充滿了敬畏。[13]

——娜塔莉（Natalie）

## 俄羅斯套娃模式（Matryoshka Model）

我們的研究結果顯示，A・W・E・能緩解輕度憂鬱症症狀；對重度憂鬱症者來說，亦是一種可行的選項。

最近，米蘭聖心天主教大學（Catholic University of the Sacred Heart of Milan）的研究人員開始研究敬畏情感如何做為重度憂鬱症的一種介入措施。研究顯示**敬畏透過四個面向影響我們，亦即心理、荷爾蒙、神經心理以及存在面向，這些效果結合在一起會產生一種突然的轉變，讓我們不再是原來的自己。**「敬畏，」他們說，「是一種複雜且深具變革性的情感，**可以重構個人深層的心理框架**，因此可被視為治療憂鬱症等重度心理健康問題一種深具價值的方法。」[14]

這些研究人員將敬畏的功能形塑成所謂的「俄羅斯套娃模式」，敬畏的每一個面向就像是一尊俄羅斯娃娃，彩繪的木頭娃娃整整齊齊地層層套疊在一起。研究人員認為俄羅斯娃娃的套疊結構是一種適當的隱喻，代表了敬畏體驗的套疊架構。[15]

他們確定敬畏的過程始於神經系統的改變，而這種改變涉及了大腦神經元的放電方式，其次是我們如何感知現實的心理轉變，接著是內分泌系統的變化（荷爾蒙的釋放），然後是存在面向的改變，譬如探討生命的意義與精神層面的幸福。

同時發現，我們愈常體驗到敬畏，就愈能維持這種情感，讓它不再是一種轉瞬即逝的體驗；也就是說，**它不只是一種狀態，而是一項特性**（我們將在第十一章中進一步討論）。換句話說，敬畏能有效地改變重度憂鬱症的進程。憂鬱與焦慮有許多不同的來源，而孤獨是一項常見的促成因素。既已知敬畏情感可提升我們的歸屬感、相互連結性以及集體認同感，因此，亦可檢視培養敬畏情感是否有助於降低孤獨感。

## 孤獨

孤獨像是一種心態，而非存在的狀態。當我們感知到自己與他人的連結感並不如預期時，就會產生孤獨感。如果兩個人過著相同的生活，但一個人滿足於獨處、另一個人則覺得獨處很痛苦，那麼，前者的感知是覺得自己很快樂，後者則是覺得自己很孤獨。

對許多美國人來說，孤獨是一個慢性的問題：大約有五分之一的成年人經常或總是感到孤獨。就像憂鬱感一樣，孤獨感幾十年來始終有增無減，使我們遭受精神與身體上的痛苦。睡眠障礙、失智症、憂鬱、焦慮、心血管疾病、中風等都與慢性孤獨（chronic loneliness）脫離不了關係，而心臟所受的影響似乎甚鉅。最近一項研究發現，感受到社交隔離與孤獨的停經後女性，罹患心血管疾病的風險提升——從百分之十三增加到百分之二十七。[16]更令人擔憂的是，感覺自己很孤獨的人，有百分之五十的可能性會提早離世。[17]

人類是群居的動物，我們的健康取決於與他人的連結感，但是要獲得協助以脫離孤獨，可能很困難，甚至可說是違反直覺。正如哈佛精神流行病學教授卡瑞斯坦・柯南（Karestan Koenen）所述，「如果你感覺孤獨，你最不想做的事就是向他人伸手求援。」[18]

為了確定運用A・W・E・來產生敬畏感是否有助於減輕孤獨感，我們再度檢視了兩組研究對象：醫護人員與一般民眾。在這段COVID-19 疫情爆發期間，許多人與他人的互動都停滯了，醫護人員也處於極度緊繃的壓力下。

為了有效評量運用A·W·E·之前與之後對孤獨的感知，我們要求參與者填寫「加州大學洛杉磯分校孤獨量表」的一個版本，以一到四級來回答諸如「你有多常感覺好像沒有人了解你？」等問題。在為期二十一天的研究當中，參與者利用日記來描述他們的感受，包括他們的孤獨感、連結感以及積極正向的程度。

參與者愈常感受到敬畏，與他人的連結感就愈強，這是敬畏一個迷人的面向。孤獨者希望有人陪伴，雖然敬畏情感無法提供陪伴，但能給我們一種連結感，與某種比我們更偉大的事物建立起連結。此外，敬畏還有其他作用，我們將在第二部中深入探討：**這種與世界、與某種比我們更偉大事物的內在連結感，會改變神經系統，讓我們能以更健康的方式與他人建立連結，而且更樂於建立這種連結。敬畏讓我們感覺完整，因此，我**們是在完整的基礎上進入一段關係、而非出於需要，其他人也會因此被我們吸引。

A·W·E·讓我們能在某種程度上掌控孤獨感。運用此方法之後，我們不再需要陪伴、亦不需要陪伴者成為我們的朋友（雖然十分歡迎這個選項）；也就是說，當我們感受到敬畏時，也會同時感受到一種連結感，但**這種連結感毋須依賴他人提供**。

這種連結感是敬畏的一種特性。許多研究顯示，敬畏有助於連結，因為它讓我們減

## 加州大學洛杉磯分校孤獨量表（簡表）

※指示說明：

下列敘述描述了人們某些時候的感受。對於每項敘述，請使用下列數字表示你感受到該項描述的頻度。答案並無正確或錯誤之分。

1＝從未　2＝很少　3＝有時　4＝總是

- 你有多常獨自做這麼多事而感覺不快樂？
- 你有多常感覺無人可以傾訴？
- 你有多常感覺你無法忍受自己這麼孤獨？
- 你有多常感覺好像沒有人了解你？
- 你有多常發現自己在等待別人打電話或發送訊息？
- 你有多常感覺自己全然孤獨？
- 你有多常感覺自己無法向周遭的人伸手求援、並無法與他們溝通？
- 你有多常感覺自己渴望有人陪伴？
- 你有多常感覺自己很難交到朋友？
- 你有多常感覺自己被他人拒於門外？

得分：將每個問題的答案相加即可計算出總分。平均得分是20。25分或高於25分，反映出高度的孤獨感；30分或高於30分，反映出極高度的孤獨感。

少對自我的專注，從而更能意識到我們與他人的相互連結感，甚至感受到與他人的一體感。[19]憑藉著這項獨一無二的敬畏特性，運用A·W·E·所降低的孤獨感在一般民眾組達到百分之十二，在醫護人員組更達到百分之十五。

相較之下，在另一項針對COVID-19疫情期間醫生的孤獨感與睡眠問題的研究（這項研究在對象、時間、長度、正念練習的運用方面，非常類似我們的研究）中，賓州威爾史班約克醫院（WellSpan York Hospital）研究人員要求半數的參與者每天練習滿心冥想（heartfulness meditation）長達四週。在這項研究中，一百五十五位參與者被隨機分配到對照組或治療組，後者的治療包括了早晨與睡前傾聽一段六分鐘的超覺冥想（Transcendental Meditation）放鬆錄音。研究結果顯示出百分之七的改善：練習了冥想的醫生，孤獨感減輕、睡得也更好了。[20]研究顯示A·W·E·方法的效果是超覺冥想的兩倍以上。

我每天都感受到敬畏與喜悅，敬畏是神奇的情感，而且超越了一切。舉例來說，我很沮喪，因為兄弟沒有回覆我電子郵件、簡訊或電話；我覺得很孤單，納悶自己是否激怒了他。然後我突然想到，我可以重新創造我的經驗。

我深深意識到我對他的愛，並且對他正在經歷的一切深感同情。我領悟到，這一切完全無關乎我。我不抱任何期待地跟他聯絡，第二天，他就打電話給我了，我們一起吃了一頓很棒的晚餐。A．W．E．是一種提示，幫助我看到自己進入我的「機器」並做出選擇，同時放棄那些我之前對自己說的故事、那些會激發我做出反應的故事。[21]

——艾絲黛兒（Estelle）

我們將在第三章與其他部分進一步說明連結與敬畏，但在此想強調的一個重點是，即便是在與外界隔絕的情況下練習，A．W．E．也可以讓我們產生相互連結感，從而降低孤獨感。

## 疲累倦怠：失控且致命

當我們身心疲憊時，就會產生倦怠感。通常是因為深感壓力或沮喪，而且缺乏睡眠。但是，這種情況無法永遠持續下去；最終，會像一台一直在冒煙的引擎一樣，我們別無選擇，只能停下來。

或許沒有任何其他行業像醫療照護一樣疲累不堪。在疫情之前就是如此，當時的職業倦怠率平均為百分之三十至五十；而在疫情期間，醫院與診所人手不足，員工勞累過度並擔心感染病毒、將病毒傳染給摯愛家人，職業倦怠率高達百分之四十到七十不等，一線護士與醫生最受打擊。[22]

在我們進行研究的期間，美國醫學會（American Medical Association）調查兩萬多名醫生與其他醫護人員如何因應COVID-19疫情，疲累倦怠的程度著實令人擔憂：百分之四十三的人承受了超過負荷的工作量（舉例來說，長時間工作以照顧比平常更多的病人），百分之四十九的人表示，工作已讓他們精疲力竭。[23]

倦怠不是一件可以掉以輕心的事，身心健康承受的壓力最大。舉例來說，一線醫護人員因為每天必須長時間面對嚴重疫情而受到創傷，發現自己出現未曾有過的想法與狀況；類似創傷後壓力症候群（post-traumatic stress disorder, PTSD）的症狀，包括無法集中注意力、憂鬱、焦慮、自殺念頭、精疲力竭等。光是睡眠不足就可能導致心血管疾病、甚至精神錯亂等嚴重病症。*許多人在意志消沉、士氣低落的情況下會想離職，[24]對某些人來說，離職是唯一的治療方法。

倦怠雖然對所有職業都可能造成嚴重後果，但在醫療照護領域，倦怠導致的後果可能相當致命。在醫院與診所，每年因倦怠而導致的疏失造成了十萬名患者死亡。[25] 在壓力沉重與睡眠被剝奪的情況下，醫生會犯下更多錯誤與疏失，從而可能危及患者的性命。在美國，每年大約有三百名醫生因憂鬱症而自殺，憂鬱症正是疲累倦怠的常見結果。[26]

當醫療人員因倦怠而辭職，留下來的人便須承受更沉重的工作負擔，因此更容易產生倦怠，陷入精疲力竭的無止境循環之中。要吸引人們從事高職業倦怠率的行業並非易事，疫情期間的護理人員短缺就是最好的例子。在疫情爆發之前，大約有百分之四十的護士表示有倦怠感；到了二〇二一年一月，這個數字已經提升至百分之七十。[27] 同時，由於職業倦怠導致許多護士提早退休，因此對護士的需求也不斷增加。剛從護理學校畢業的新鮮人中，百分之三十到六十認為自己並不適合從事這份職業。[28]

多年來，職業倦怠始終無解，許多針對醫生的職業倦怠所採行的介入措施都被證明並無成效，就連採用正念練習也是如此。我們搜尋文獻資料的結果發現，儘管正念減壓課程（mindfulness-based stress reduction programs, MBSR）被證明能有效降低職場壓力，但這項為期八週的課程對於減輕倦怠並無成效。我們猜想無效的部分原因是由於任何介入措施無論多麼有效，都無法取代一夜好眠。（有趣的是，有些研究參與者在睡前練習A．W．E．方法，發現他們的睡眠區間變長了。）

在檢視A．W．E．方法及其對醫護人員與職業倦怠的效果時，我們會要求參與者在練習之前與之後皆須填寫馬氏職業倦怠量表（Maslach Burnout Inventory），這是一份列出二十二個職業相關問題的表單。[29]在練習二十一天之後，參與者的職業倦怠症狀降低了百分之八。有鑒於二〇二〇整年疫情的嚴重程度有增無減，看不到結束的盡頭，大多數醫護人員的心理健康正在惡化、而非改善，這項成果著實令人印象深刻。

## 倦怠感會影響所有人

並非疫情爆發期間的醫護人員才能體驗倦怠感。疫情前（二〇一八年）的一項蓋洛普民調（Gallup Poll）顯示，各行各業員工當中，有三分之二至少會在某些時刻產生職業倦怠感。[30]

* 剝奪個人睡眠，是包括美國在內的許多國家所使用過的一種苦刑。考慮到睡眠剝奪在身心健康上所造成的後果，而我們卻允許這種情況繼續存在醫療界與其他業界，似乎相當令人震驚。就連金氏世界紀錄（Guinness Book of World Records）也刪除了最長時間不睡覺這項紀錄。

因應倦怠感亟需某些自我照護，包括睡眠、運動、消遣娛樂、健康飲食、補充水分、休息、維持與朋友與家人的關係。[31]如果疫情期間筋疲力竭的上班族或勞工想好好照料自己，離職似乎是唯一的選擇。二〇二一年，所謂的大離職潮（Great Resignation）中有超過三千八百萬人離職，離職率高達百分之三十三——這是有紀錄以來最高的百分比。[32]職業倦怠加上疫情引發的個人選擇優先順位轉變，是導致這場大規模出走的主因。

較之其他職業倦怠的正念療法，A·W·E·具備了上述措施所缺乏的優勢。首先，勞工可以在上班或下班的任何時候運用A·W·E·，並在一分鐘之內即可完成。其次，A·W·E·不需要意志力；我們毋須長時間靜坐，然後冀望在腦海中縈繞不去的思緒自動消失。再者，A·W·E·有累積效應；敬畏體驗甚至改變了大腦中的神經網路（第十一章將進一步討論）。最後，A·W·E·幾乎可以保證有所回報；經過僅僅十五秒的練習之後，我們就會深感愉悅、精神煥發、不再那麼壓抑。A·W·E·方法有助於緩解倦怠，因為敬畏能擴展我們的意識，幫助我們的感知得以超越那些壓力沉重的狀況。根據達契爾·克特納所言，我們大部分人都是處於「敬畏剝奪」（awe deprived）的狀態。[33]

壓力是倦怠的共犯。在檢視兩組研究對象的壓力程度時，我們再度發現A·W·E·是一項有效的介入措施。

## 壓力與幸福安康感

自二〇〇七年以來，美國心理協會（American Psychological Association, APA）每年都會與哈里斯民意調查（Harris Poll）機構合作進行一項全美各地的壓力水平調查。這些年中，受訪者多表示金錢、工作、經濟是他們最大的壓力源，其次是醫療照護、大規模槍擊事件以及氣候變遷。然而，這種情況在二〇二〇年與二〇二一年發生了變化；雖然這些主要壓力源仍然存在，但已經被疫情大流行、美國的未來、警察對邊緣群體的暴力以及歧視的擔憂超越了。* 美國心理協會提出警示：「這些日益加劇的壓力源對我們的身心造成了實質影響……我們正面臨一場全國性的心理健康危機，極可能在未來幾年導致嚴重的健康與社會後果。」[34]

* 百分之三十三的受訪成年人因個人受到歧視而深感壓力，百分之五十九的成年人則表示歧視與警察暴力是主要的壓力源（無論是否對他們個人造成影響）。

自疫情大流行以來，近半數的成人表示他們更易怒、易受意外的情緒波動之苦、感覺身體更加緊繃。Z世代（Gen Z，十八到二十三歲）面對不確定的未來，承受著比其他世代更高的壓力。

深受壓力之苦時，我們都不是最好的自己。我們會對自己摯愛的人粗暴無禮，注意力容易分散，而且很難做出決定。壓力引起的身體症狀包括頭痛、胃痛、慢性疼痛以及皮疹，長期的慢性壓力往往會導致憂鬱與焦慮，既有的身心健康問題會使壓力加劇。

有些人會轉向酒精或其他藥物的自我藥療來因應壓力，或者藉由賭博或打電動的強迫性行為來分散自己的注意力。緩減壓力更健康的方法，則包括了泡熱水澡、伸展運動、冥想禪坐、徜徉在大自然中等放鬆技巧——還有尋找敬畏。

當退伍軍人、面臨高風險的青少年以及大學學生被要求在大自然中尋找敬畏情感時，他們的幸福感水平在短短一週後就顯著上升了。[35]其他研究也顯示，敬畏可以提升生活滿意度（至少暫時）以及日常的幸福安康感。[36]敬畏不僅能改變我們的思考方式，還能改變生理機能。根據期刊《情感》（*Emotion*）上所發表的一項二〇一五年研究指出，比之任何其他正向情感，敬畏感更能降低一種稱為「促炎性白血球介素－6」的分子水平，這種分子與壓力及發炎有關。[37]（第二章將進一步討論A·W·E·與生物學）

在疫情爆發初期，我陷入了熬夜模式，以確保一切平安無事。出乎意料的是，一位朋友給我發了一個有關A·W·E·練習的研究連結。當生活已變成一潭混濁的泥水，我相信幾乎任何事物都值得探究；即便對我這個訓練有素的書呆子來說，這項研究聽起來有點「傻傻的」（foo-foo）。

事實證明，A·W·E·練習改變了我的生命。在那之前，我極不樂意屈從於當下的生活狀態，亦不樂於花些時間領會、欣賞現在的這趟旅程。

在疫情期間學會練習尋找敬畏情感，讓我的生活發生了根本性的轉變。舉例來說，之前我會比平常的就寢時間晚三到四個小時睡覺，玩愚蠢的電腦遊戲以贏得某些戰利品；我認為我保持清醒也是為了「確保」個人的安全。在處於這種高度警覺的狀態下，我每睡一個小時就會醒來。我因為「為什麼我的貓是貓」而惱火不已，也對貓咪的正常行為深感沮喪，並且在牠們面前將這種情緒表露無遺（被隔離時，我大部分時間都跟牠們獨處！）。我只關注於分裂的政治事件以及我深受疫情影響的生活壓力源，大部分時間，我都在擔心那些我無法控制的事。

在學了A·W·E·之後，藉由專注於「確實是什麼」（what is）而非「可能是什麼」（what could be），我找到了讓個人安全的時刻，同時顯著縮短不停打電動的時間。我在上床睡覺前練習A．W．E．，將我每睡一小時就會醒來的睡眠間隔延長為三到五小時（這可是一件大事）。

這彷彿還不夠，**我歡欣於差異與分歧，並且更關注於當下以及我權限範圍內的事。我發現別人的看法很棒，並且放棄了覺得自己必得對每一件事發表看法的需要。我接受他們的現況，放棄自己對於是否出現於他們故事當中的那份執著。**

對我來說，在平凡的日常中找到敬畏時刻，已成了我的第二天性。38

——莎莉（Sally）

在壓力與幸福感的研究部分，我們檢視了兩個群組（醫療人員組與一般民眾組）的情感、心理、社交幸福感以及壓力水平的感知。為了確定這些水平，使用了心理健康連續簡表（Mental Health Continuum Short Form）以及感知壓力量表（Perceived Stress Scale），前者詢問了三個領域的問題，後者則詢問了與壓力水平相關的十個問題，然後根據答案、從低到高對感知壓力水平進行評分。

在檢視日常生活中的敬畏體驗是否會造成諸如個人主觀的壓力、身體壓力（譬如頭痛與胃痛）以及整體幸福感等日常生活上的改變時，我們發現那些描述自己體驗到較強烈敬畏情感的人，也感受到個人主觀的壓力與身體壓力降低，幸福安康感則提升了。

在額外的分析當中，參與者每天愈常體驗到敬畏情感，就愈能體驗到長期的幸福感。換句話說，在COVID-19疫情蔓延的高峰期，每天保持體驗敬畏的習慣，對身心健康大有裨益。

最終結果令人印象深刻：練習A．W．E．二十一天之後，兩組參與者的壓力以及與壓力相關的身體症狀都顯著降低；醫療人員組降低了百分之十八，一般民眾組降低了百分之十七。

## 慢性疼痛

慢性疼痛會在受傷後的數月與數年內出現，並持續超過預期的復原時間。慢性疼痛與急性疼痛截然不同，後者是暫時性的，在身體受傷或接受手術之後持續數天或數週。

在美國，超過五千萬成年人患有慢性疼痛。[39]

麥可在二十年前接受訓練成為一名疼痛專家，當時人們普遍認為，慢性疼痛是由身體的結構問題所引起，可透過藥物、注射、物理治療來有效減緩，有時還可以藉助手術。一九九〇年代，疼痛管理領域中以約翰·薩爾諾（John Sarno）醫學博士為首的創新領導者，證明了大多數的慢性疼痛並非由身體內部的結構問題所導致，**而是大腦透過學習而產生的一種現象**。薩爾諾博士寫道，「疼痛症候群看起來是如此地『真實』，醫生們尤其難以接受它可能是由心理因素所造成的可能性，因此，他們仍然堅持這項結構性的解釋。然而，這麼做使得他們必須為這個國家目前氾濫成災的疼痛問題負起主要的責任。」[40]他極具先見之明，自從一九九一年首次提出這項主張以來，疼痛問題只有日益加劇、愈形惡化。

最近，疼痛心理學中心（The Pain Psychology Center）的創辦人艾倫·戈登（Alan Gordon）說明，「**當大腦一遍又一遍地經歷疼痛時，這些神經元就會『連接在一起』，愈來愈善於一起放電；不幸的是，這意味著大腦愈來愈嫻熟於感受疼痛。**」[41]他稱其為「**神經可塑性疼痛**」（**neuroplastic pain**），亦即大腦以強化慢性疼痛的方式逐漸產生改變。

疼痛一開始完全無害。急性損傷（譬如背部扭傷）發生之後，大腦的記憶中樞開始創造神經通路；這些通路一旦形成，就會記住背部的疼痛——即使在肌肉扭傷完全康復之後。然後，這種疼痛就會變成慢性疼痛。**生活在慢性疼痛中不僅會造成身體的不適，更會對我們運作繁瑣事務的能力、心理健康與精神安康產生不利的影響。**那些忍受著令人衰弱的慢性疼痛患者，往往還必須承受各方面的痛苦，因為他們可能無法工作、無法好好照顧自己，甚至無法享受簡單的社交與娛樂活動。

醫學界在治療大部分慢性疼痛上的成果相當有限，包括醫藥、注射、運動以及放鬆技巧等，都只能暫時舒緩疼痛，無法完全消除它。慢性疼痛無法徹底被根治，無意中導致一場長達二十多年對抗鴉片類止痛藥物的危機，奪走或影響了數百萬人的性命。*

儘管醫藥界人士仍然持續開立鴉片類藥物來治療疼痛，但如今他們變得謹慎多了，也對這類藥物有更多了解；許多醫生開始建議非鴉片類藥物的止痛方式，譬如正念技巧以及氣功、瑜伽等具體運動。

透過這項研究得知A.W.E.能緩解慢性疼痛時，我們感到興奮不已。慢性疼痛與

* 被認為是引發鴉片類藥物氾濫危機的三項因素如下：1、美國疼痛協會（American Pain Society）呼籲醫院與診所將疼痛評估列為「第五生命徵象」，與體溫、脈搏、血壓、呼吸等生命徵象並列；2、有研究指出，服用鴉片類藥物治療慢性疼痛不會上癮；3、藥廠大力行銷鴉片類止痛藥物。

自主神經系統（autonomic nervous system, ANS）密切相關，本書將說明A·W·E·方法如何影響自主神經系統。關於慢性疼痛研究，我們要求參與者對以下各項疼痛進行○到十的評分：

- 背部疼痛
- 頸部疼痛
- 四肢疼痛（手臂、腿部以及關節）
- 頭痛
- 胸部疼痛、呼吸費力或急促

在為期三週的研究當中，參與者自述的身體疼痛減輕呈現統計上的顯著性，即直接的劑量效應關係（dose-response relationship）；這意味著，在人們描述自己體驗到的敬畏情感愈強烈時，也會自述身體的疼痛程度愈能減輕。這兩項研究的主要趨勢，是當敬畏與日俱增、疼痛就與日俱減。而且，這項結果適用於所有類型的疼痛。

麥可在他的病人身上看到的成果，使這些發現更具說服力。身為疼痛管理專家，麥可平均每年要為大約一千名患者看診，他在診所引入二十一天A．W．E．計畫的第一年，有五十名患者參加，許多人因而改變了他們的生命，亦改善了毋須借助藥物即可控制慢性疼痛的能力。

雖然目前尚無關於敬畏如何改善慢性疼痛的具體機制之研究，但麥可認為，經常**練習A．W．E．方法的患者不再反覆關注於他們的疼痛，並且透過減輕恐懼感來改變他們對疼痛的看法與反應，有助於讓他們放鬆。**愈常運用A．W．E．方法，患者的自主神經系統就愈能放鬆，從而減輕疼痛感以及與其相關的肌肉痙攣。在麥可的病患中，A．W．E．方法也有助於減輕其他類型的疼痛，包括神經病變、克隆氏症（Crohn's disease）等自體免疫疾病，以及纖維肌痛症。[42]

麥可的一位長期病患蕾貝卡，因工作傷害而做了腰椎融合手術，從此患了慢性下背疼痛。手術雖有助於緩解她腰椎往下傳導到腿部的放射性疼痛，但也在下背部留下了瘢痕組織。在參與麥可的課程之前，蕾貝卡一天必須服用三次嗎啡才能緩解慢性疼痛，否則，會痛到無法在動物救援中心做志工，也無法跟丈夫一起從事戶外活動。到了第三次團體療程時，蕾貝卡說，自從她的背部手術以來，這是她第一次能夠開始減少嗎啡的用量；三個月之後，蕾貝卡告訴麥可，A．W．E．方法讓她幾乎能夠完全控制她的疼痛，並且能停止服用止痛藥物了。更重要的是，「現在我感覺更好了，為動物當志工以及每天與丈夫共度的晨間散步美好時光，讓我可以服用雙倍的敬畏劑量。」[43]

＊＊＊

A·W·E·是一種迅速簡單的介入措施，可以幫助我們在日常生活、平凡事物中，隨時隨地激發並感受敬畏情感。我們的研究指出，每天體驗不到一分鐘的敬畏感，可以緩解憂鬱與焦慮症狀、強化社交連結、減少孤獨感與倦怠感、減輕壓力、提升幸福感、緩解慢性疼痛。想像一下，如果是更持久、更頻繁的敬畏體驗，可以產生什麼樣的效果？

接下來的章節中，將探討敬畏的其他益處。但首先，我們想先回答以下問題：一種情感怎能產生如此勢不可擋的影響？所有的改變怎麼可能發生？事實證明，敬畏就像一匙藥，如果我們能將它裝瓶，就能幫忙減輕各式各樣的痛苦。

# 02

# 療癒的科學

每隔一週的週三，大約有四十五名來自世界各地的神經科學家、疼痛專家、心理學家、家庭醫師、專職醫療人員、外科醫師、基礎科學研究人員以及學識豐富的疼痛患者，會透過Zoom進行一小時的會議，名為「動態療癒討論小組」，主持人是大衛．漢斯科姆（David Hanscom）醫學博士與史蒂芬．波格斯（Stephen Porges）博士，前者是來自西岸的退休骨科複合體脊柱畸形外科醫師，後者是印第安納大學的傑出科學家與精神病學教授。波格斯博士花了多年時間研究心理生理學（psychophysiology），這是一門探討身心之間如何相互作用的學科。在COVID-19 疫情剛爆發的幾個月中，這兩位醫師脫離框架，以創新思維促成了這個科學討論小組的成立。

他們是各自領域中的傑出人士，同時也被視

為醫學界的異類，因為皆致力於將慢性病本質詳細記錄（多被忽視）的數據帶入公眾領域探討。藉由他們的研究、想法以及最新發現，這個小組得以在短時間內推進療癒科學的發展，遠遠超越任何一人之力所能完成的成就。

他們大部分的方法都基於一個觀念：**為了治癒我們的疼痛與疾病，必須先有安全感。**安全與療癒有什麼關係？我們感受到的安全或受到威脅的程度，直接影響神經系統與生理狀態。這個小組的成員認為，當身體處於慢性威脅誘發的打或逃反應（一種被激活的交感神經系統）時，會消耗它的生存儲備資源，因此沒有足夠資源來進行充分的療癒。在感到安全的生理狀態下（副交感神經系統〔parasympathetic nervous system, PNS〕激活時），完整而充分的療癒才會發生，感到安全的生理狀態會讓身體的化學反應產生深遠的改變。當副交感神經系統激活時，身體會處於一種「休息與消化」的狀態，或稱為「休息與修復」狀態，燃料供應得到補充、組織被重建、身體獲得修復。

正如你很快就會學到，敬畏可以幫助我們感到安全，從而助於療癒的進行。

身為疼痛專家的麥可很熟悉漢斯科姆博士的研究，傑克則是渴望更了解波格斯博士在神經系統方面的理論研究。這個小組不僅加深了我們對治療過程的理解，更讓我們明白敬畏在這場關於療癒的創新討論中所扮演的角色，以及為何我們能運用A·W·E·來獲得這樣的結果。

這一切的開始與結束，全取決於我們是否感到安全，抑或受到威脅。

## 細胞激素：身體的溝通大師

人體中有一套已存在四十億年之久的通訊網絡，孜孜不倦地努力為我們保持健康。「細胞激素」（cytokine）就是這套在細胞網絡間發送信號的溝通大師；這些由免疫系統釋放出來的小蛋白質（small protein）會向全身各部位的細胞通報消息，彷彿喜愛八卦的鄰居，如果出現了什麼問題與差錯，細胞激素會確保街區裡的每個人都一清二楚。如果一切順利時，細胞激素也會通報並分享這個好消息。

舉例來說，倘若身體受到病毒或細菌的威脅，免疫細胞就會釋放出「威脅細胞激素」（threat cytokine）。這些細胞激素是號兵，發送出戰鬥即將展開的信號，通知其他細胞（譬如白血球）召集大軍（增加細胞數量），並在入侵者所在位置進行部署。威脅細胞激素並不會親自攻擊入侵者，而是會呼叫其他配備精良的免疫細胞發動攻擊。威脅細胞激素一旦被釋放出來，就會觸發一連串的生理作用，其中之一是在入侵或受傷位置製造發炎，做為一種保護措施。

大部分人都經歷過威脅細胞激素發揮作用的結果。如果你曾發燒，威脅細胞激素即參與激活你的免疫細胞，以提高體溫、幫助你抵抗感染。同理，如果你扭傷腳踝，可能會發現腳踝關節周遭部位紅腫脹痛；這處受傷的關節組織會釋放出威脅細胞激素，讓血液湧向該部位，隨之帶入白血球與修復機制。

免疫系統並非單獨運作，身體可以透過多種輸入（包括大腦與整個神經系統）來察覺對其健康與幸福造成的威脅。身體被賦予的能力不僅能抵禦病毒、細菌以及肉體上的傷害，還有情感上的傷害。舉例來說，被父母羞辱的感受，在免疫系統釋放出威脅細胞激素之前，會先記錄於大腦的皮質層中，然後是杏仁核、下視丘以及交感（打或逃）神經系統。

不論威脅的來源為何，威脅細胞激素會增強交感神經系統並同時削弱副交感神經系統；現在，身體處於戒備狀態，需做好充分的準備以因應任何威脅。

當身體覺察到威脅結束、免疫系統也已經完成它的工作時，細胞激素會發出信號，傳達應釋放「安全細胞激素」（safety cytokine）。安全細胞激素會指揮免疫細胞清除發炎、解除交感神經系統的啟動、為副交感神經系統充電，並展開療癒過程。

雖然我們對細胞激素的討論幾乎僅限於它對溝通與發炎的影響，但它的角色遠遠不只是免疫反應的標記物，其溝通網絡更非只作用於免疫系統與炎症。事實上，人體內的每個細胞都有細胞激素的受體位置，從而賦予細胞激素廣泛、系統性的重要影響。舉例來說，它們影響的不僅是發炎程度，還有新陳代謝與荷爾蒙。

威脅細胞激素在必要時有助於刺激免疫反應，但它們也會分解代謝（catabolism），並發揮高度的退化作用。它們忙著發出信號並生成炎症，同時向我們的組織（器官、肌肉等）發出信號，通知這些組織準備進行分解代謝以做為打或逃反應的燃料。當威脅細胞激素維持在高水平的時間過久，分解代謝與退化作用（degeneration）便會被啟動；累積下來的結果，就是急性發炎變成慢性發炎，不斷遭受攻擊的有機組織逐漸分解、日趨惡化。

## 慢性發炎傷害大

威脅細胞激素的水平居高不下，是因為（舉例來說）身體經常接觸毒素或無法清除感染時，它們可以幫助身體進行修復。在察覺到威脅持續存在時，威脅細胞激素會與體內的其他化學物質結合，使免疫系統保持在低水平運作；這時，威脅細胞激素發送的信號可能就變成長期慢性的狀態，並且開始損害原本傷病的部位，甚至危及健康部位，包括器官、組織、血管等。隨著時間推移，有時長達數月或數十年。這種**低水平的失控反應**可能造成極大傷害，並且擴散至身體其他部位。更糟的是，一直要到細胞間的溝通網絡發出信號，通知所有細胞現在慢性、失控的威脅已然結束，安全細胞激素才會開始釋放。

慢性發炎與所有慢性疾病的根源皆有關聯，包括三大殺手：糖尿病、心臟病以及癌症。慢性威脅的信號不僅會以發炎與退化的方式呈現出來，也會產生疲勞、失眠、憂鬱、焦慮、性慾喪失、胃腸不適、關節疼痛等症狀；它的影響可能會逐漸加劇，並造成代謝與自體免疫疾病，諸如糖尿病、紅斑性狼瘡、類風濕性關節炎以及發炎性腸道疾病，持續不斷而且毫無減輕的跡象。細胞激素風暴（cytokine storm），或者說細胞激素突然而大量地釋放到血液之中，此情形與神經退化性疾病（如阿茲海默症、帕金森氏症）及心臟病有密切關聯。這是威脅細胞激素進行分解代謝時的最糟狀況。

雖然每個人都經歷過暫時性的發炎，但是在美國至少有百分之六十的人面臨了慢性炎症的問題，它同時也是全球人口的一大死因。[44]

## 創傷、焦慮、壓力都是威脅的同義詞

威脅有多種形式，而身體會將情感傷害也解讀為其中之一。生存在持續不斷的威脅下，身體會告知交感神經系統保持活躍，並讓威脅細胞激素保持循環；然而身體並沒有任何扭傷的腳踝或感冒需要治療，發炎的程度可能相當輕微，但威脅細胞激素卻仍忙著進行分解代謝。

我們會感覺受到威脅有很多原因，許多人經常在反覆不斷的威脅反應下四處走動，因此交感神經系統永不休止。我們都很容易緊張，處於極大的壓力下，因為各種原因神經緊繃。二十一世紀類型的壓力（交通、銀行透支通知、離婚、追求成功）往往是慢性的，其結果可能引發不必要的、低水平的發炎，對身體造成混亂與破壞——即便我們並未意識到這一點。

根據D．R．克勞森（D. R. Clawson）醫學博士（漢斯科姆小組的另一位成員）、波格斯以及其他人所言，慢性發炎有其社會、心理以及生物學上的原因（許多源自壓力）；他們認為，應該仔細檢視威脅細胞激素。**高負荷量的威脅細胞激素不僅會導致慢性疾病，還會改變我們的行為方式，以及我們因應這個世界的方式。**在一篇目前尚未發表的論文中，他們寫道，威脅細胞激素（他們稱之為TC）「是大多數慢性身體不適與心理、精神病症與疾病（包括成癮）的撐持基礎。」並且指出，在遭受隔離、排擠、貧窮、不公義對待、被褫奪公權以及被歧視的人們身上，威脅細胞激素的水平會上升；同時，「對於過去曾經遭受重大創傷的人來說，他們的威脅細胞激素會變得敏感，負荷量也會隨之增加。」

結論是，威脅細胞激素「正是病態行為、無助以及絕望的原因。」[45]創傷與壓力可能導致慢性發炎與疾病，絕非一項曲解。情感傷害會啟動免疫反應，而且往往比流感或骨折等病症對身體的影響更持久。大部分人都有一兩件自己耿耿於懷的怨恨心事，或是當他們在意的人批評自己，心中其實並未完全釋懷。**任何程度的情感苦惱，都會引發生理上的反應。**

由加州大學爾灣（Irvine）分校進行的一項研究中，探討了被他人批評的感受是否會提升促炎性細胞激素（proinflammatory cytokine）的活動。他們要求一組健康的女性（評估組）在觀眾面前完成一場演講與一項數學作業，這群觀眾會評估他們的表現；對照組則完成相同任務，但沒有任何觀眾在場。評估組顯示出促炎性細胞激素水平上升、糖皮質激素（glucocorticoids）反應水平下降（糖皮質激素有助於平息發炎反應）；對照組的促炎性活動則無任何改變。[46]

根據漢斯科姆的研究，只要威脅細胞激素一直維持在高水平，我們就無法從「任何病症」中完全康復，包括憂鬱、焦慮、壓力、倦怠以及慢性疼痛（我們的研究所評量的所有症狀），因為身體沒有必要的資源可以進行療癒。「任何病症」也包括了書中所述的每一種心理與身體疾病，包括阿茲海默到帶狀皰疹皆然。當我們與克勞森進行訪談時，他分享了如何將威脅細胞激素視為所有病症之因，包括（舉例來說）肥胖流行病：

> ❞多年來，我們一直用錯誤的模式來解釋肥胖與糖尿病：攝取的卡路里過多、消耗的卡路里不足。然後，最近我們又這麼說：好吧，可能是我們攝取的卡路里品質的問題。但是，當你更深入地追蹤，就會了解到，**長期生活在威脅下的人，脂肪代謝與胰島素阻抗都會受損**。事實上，在更嚴重的威脅中，他們保存了更多的能量；他們吃得極少，卻累積了脂肪。我在醫院、在整個職業生涯中都見過這種情況，我不知道原因為何。他們吃得跟鳥一樣少，事實上，他們的飲食也相當不錯，但依然病態地肥胖。遺憾的是，我們批評這些人時會說：「哎，你知道，他們就是無法讓自己遠離餐桌。」但這

實際上是一種與威脅有關的疾病。然後是糖尿病。威脅細胞激素造成了胰島素阻抗與血糖過高症，但這些細胞激素的目標正是動員盡可能多的糖分以備戰鬥之需。

為了提升到另一個層次，**我們必須讓肥胖者產生一種超越基本醫療照護範圍的安全感，並從根本上改變文化，才能讓他們重拾健康。**[47]

## 敬畏與安全細胞激素：副交感神經系統增強

無論是由鏈球菌性喉炎、冠狀病毒、扭傷的腳踝、壓力，或是羞恥感所引起的發炎，只要交感神經系統持續處於主導地位，發炎就會變成慢性。為了減輕發炎、增強免疫力、改善新陳代謝，並防止組織與器官進一步受到損傷，以便治癒使我們感到痛苦不適的任何疾病，我們必須控制促炎性威脅細胞激素的反應，並增加抗發炎的安全細胞激素生成，從而保持健康。當安全細胞激素的水平升高時，副交感神經的反應（身體的休息與修復狀態）就會被啟動。根據克勞森的論文所述：

正是在此時，我們得以抗發炎、合成代謝、再生、康復、連結、結合、產生性慾、生殖、具備智力與創造力，並擁有強大的細胞免疫力。我們的免疫細胞在安全的狀態下會改變其表現型（phenotype，physical expression），不僅在免疫力上變得活躍，在再生與復原的過程中更是至關緊要。我們必須達到這樣的狀態才能完全且充分地療癒。在全然安全、被看見、放心的狀態下，我們會精力充沛、感覺健康、毫無病痛。[48]

療癒過程的完成，不僅必須打斷急性發炎的原因（舉例來說，服用抗生素殺死鏈球菌），還必須讓安全細胞激素被激活。

藉由測量促炎性白血球介素－6（IL-6）的水平，證明了敬畏是唯一已知可顯著減少促炎（威脅）細胞激素並增加抗炎（安全）細胞激素的正向情感。促炎性白血球介素－6是眾多細胞激素中的一種，與人體中的其他細胞與化學物質進行交流後，會刺激發炎反應路徑以防止感染與受傷；但是，它也有特殊的風險：會促使急性發炎轉變為慢性發炎。

在一項研究中，大學生在被要求填寫「正負向情感量表」（Positive and Negative

Affect Schedule）之前，先進行了促炎性白血球介素－6水平的測量；這份量表是評量一個人感受正向與負向情感頻繁程度的工具，整體情感上較為正向的學生，促炎性白血球介素－6水平較低。當同一批研究人員運用「正負向情感量表」與「五大人格特質量表」（Big Five Personality Inventory）進行第二項研究時，他們發現，敬畏情感可以預測出水平較低的促炎性白血球介素－6，甚至超越其他諸如感恩、慷慨、喜悅、愛等主要的正向情感。[49]

著名野生動物科學家兼作家的珍・古德（Jane Goodall），在《希望之書》（*The Book of Hope*）中雖然並未提及細胞激素，但她講述了一個故事，說明生活在威脅之下會如何導致絕望與源自發炎的肉體疼痛，以及敬畏如何藉著讓我們重獲安全感而帶來療癒。

故事圍繞著昆索洛（Cunsolo）展開。這位因紐特（Inuit）女性正在撰寫她的論文，內容是關於因紐特人（分布於阿拉斯加、加拿大北部以及格陵蘭島的原住民）如何逐漸失去他們的生活方式。在聆聽了那麼多部落成員悲傷與絕望的故事之後，昆索洛深切地感受到他們情感層面的痛苦。有一天，昆索洛發現自己無法打字了：她的雙臂與雙手突然出現神經痛的症狀，使她虛弱不堪。在與他人的訪談過程中，感受到強烈的悲傷情感，以致她的身體也跟著病了。

昆索洛看了好幾位專科醫師，都檢查不出有什麼毛病；因此，她拜訪了一位因紐特部落的長老。長老告訴她，**她必須每天都找到敬畏與喜悅，做為釋放悲傷的一項工具**。於是，昆索洛每天都特意在大自然中尋找敬畏，數週之後，她的神經痛不藥而癒。

昆索洛記錄的故事激活了她的交感神經系統。她對她的受訪者產生共鳴的程度強烈到感覺自己深受威脅——宛如她所採訪的那些人所感受到的那樣。藉由每天體驗敬畏，她得以讓自己的神經系統平靜下來，停止威脅細胞激素運作，產生安全細胞激素。

敬畏並非降低威脅細胞激素、增加安全細胞激素的唯一方法。個別來說，我們可以透過最細微的表現來幫助他人產生安全感，例如，用微笑、友善的聲音與手勢來招呼他們，這些歡迎的表達方式是在向他人發出信號，告訴他們跟我們在一起很安全，可以放下他們的防備。冥想之類的放鬆技巧，以及在一個安全的社區中感覺受到歡迎，也有相同的效果，有助康復。但有些人會覺得冥想很困難，還有許多人覺得孤立、彷彿自己沒有歸屬感；而敬畏是所有嘗試A·W·E·方法的人都能感受到的情感。

我們為何生病以及是否能完全療癒，涉及人體內部細胞與系統之間的相互作用。但研究人員發現，**不論慢性發炎的來源為何，當身體感受到安全時，療癒就會發生**，而這

**正是敬畏能賦予我們的力量**。正如我們的研究指出，愈常運用它，感受就愈美好。

麥可的一位患者尼爾・卡尼（Neal Kearney）分享了以下的故事，關於敬畏如何消除他的慢性疼痛：

> 年幼的我，在七歲時就開始接觸衝浪——海浪的力量、大海的氣味，以及我的教父將我推上第一波浪頭時的無重力飛翔感，使我的雙眼因此明亮，滿溢敬畏與驚異之情。在聖塔克魯茲（Santa Cruz），我加入一群年輕的衝浪者，他們逼迫自己和彼此贏得比賽、獲得贊助，這種縹緲的追逐逐漸變成自相殘殺、爭強奪勝的生活方式。面對如此沉重的表演壓力，我感受到敬畏的時刻變得愈來愈少。
>
> 二十歲時，我開始飽受慢性疼痛之苦。我用止痛藥、自我孤立、電玩遊戲以及呼呼大睡來鈍化現實的鋒利邊緣。我愈來愈少衝浪，脊椎與髖部罹患關節炎使我的技巧大不如前，也變得愈來愈無法出門去享受這項我一生的熱愛。痛苦、悲傷、憤怒，讓我完全麻木了。最後，我停止了衝浪。整整一年時間，我都避免開車經過海岸線，試圖克服我的失落感。

如今，我三十五歲了。過去十年中，我廣泛地學習、練習、教授正念與瑜伽。去年，我置換了兩側的髖關節，讓我得以重新回到水中。身體的這項新限制，讓我以往力求表現的壓力就此煙消雲散。**與其熱切於將浪潮撕裂成碎片，我反而開始放慢速度，在整個過程中專注於當下。**

我不再做任何爆發力十足的空中花式特技，但是天啊，當陽光照耀在飛濺的浪花上，折射出閃閃亮光時，是多麼地美麗！我從一道由數千英里外產生的能量所推動的波峰上滑下時，如果能花點時間深切地、充分地體驗這種唾手可得的幸福，那是什麼樣的感受呢？**當我轉換成初學者的心智去探索那無邊無際、豐富多采的大海時，敬畏之情油然而生**；在那些轉瞬即逝的時刻，疼痛早已被我拋到九霄雲外了。[50] ”

幫助身心療癒只是敬畏的超能力之一。下一章，我們將探討敬畏情感受到諸多關注的其他原因。

# 03

# 揭開敬畏的面紗

在歡愉之源以及恐懼的邊界，有一種鮮少被研究的情感——敬畏。敬畏的體驗轉瞬即逝、少見難遇，可以深刻、永久地改變人生的進程。然而，情感研究的領域對敬畏幾乎付之闕如。

——達契爾．克特納、喬納森．海特，《臻至敬畏，一種道德、靈性、美學的情感》（*Approaching Awe, a Moral, Spiritual, and Aesthetic Emotion*）

近年來，敬畏情感贏得了多方關注，也成為書籍、研討會、重要報章雜誌文章、TED演講、播客、YouTube以及愈來愈多期刊論文的主題；有些公司還把這個詞用在他們的品牌中，就連開發人員與設計師在規畫數位設備、強化博物館體驗等各種工作時，也都思考著如何喚起、觸發使用者的敬畏情感。但是，敬畏並不是一直這麼火紅。

對敬畏深入徹底的理解早該出現，卻延宕了多時，主要是因為社會心理學家傳統的觀點，將敬畏視為一種對人類發展而言微不足道、無足輕重的情感；他們並不認為這種情感是有幫助、有目的性的。亞利桑那州立大學的敬畏研究員蜜雪兒・蕭塔（Michelle Shiota）將敬畏感比喻為奢侈品：「敬畏往往被認為是情感的古馳（Gucci）手持包，如果你負擔得起很好，但那不是人們真正需要的物事。」[51]他們過去的想法大致如此。

然而，許多研究人員已經證實，敬畏是必需品，而非奢侈品。近年來，突然出現大量關於敬畏的研究，其成果指出，這種情感的意涵巨大、影響深遠。根據克特納所言，「有很多理由讓我們看好它（敬畏）。」[52]

敬畏可以幫助我們找到新的意義——釐清我們在生活中可能喜歡做些什麼，提高對生活的滿意度，並重新詮釋（或更深入地理解）痛苦的體驗。[53]舉例來說，人本心理學家以及著有多本關於敬畏作品的柯克・施奈德（Kirk Schneider），在他的心理治療療程中，運用敬畏來幫助客戶克服難以承受的情感。「我試著支持人們去面對他們的痛苦與難題，直到他們可以進入自己更強大的情感、不再受到痛苦的威脅。我說的是從極度的恐懼與麻痺、逐漸轉變為漸增的興趣與好奇心……對他們的經歷所揭示予自身的一切，產生真正的驚異之心、甚至著迷之情。」54

本書第一章與第二章中介紹了敬畏對健康的種種好處，從減少憂鬱與焦慮感，到全面提升健康與幸福；這促使諸如麥可的醫生們開立敬畏情感做為患者的處方。傑克在他的治療施行中，運用敬畏做為一項有效的介入措施，以轉變患者的自尊並改善他們的人際關係。

無庸置疑，敬畏值得探索不僅是因為它激發了轉瞬即逝的歡欣感受，更因為它帶來持久益處。有許多解釋說明了為何我們的情感工具箱中需要敬畏的存在，除了前述提及的獲益，研究人員也得知敬畏可以達成下列成效：

- 激發好奇心
- 激發能量，尤其是在大自然中的體驗
- 平息心智中「喋喋不休的猴子」
- 鎮定神經系統
- 減輕發炎
- 讓我們不那麼物質主義、更慷慨大方

- 當我們體驗到自己屬於某種比自我更偉大的事物時，靈性也會隨之提升
- 降低我們的自我感，不再只關心自身利益
- 軟化極端想法與堅定信念，使我們心胸寬廣、思想開明、不再僵化
- 讓我們感覺更專注在當下、更有耐心
- 讓我們變得更加友善、謙卑、樂於與他人建立連結
- 提升生活滿意度

以上所有好處都值得我們投注努力，這會使我們變成更好、更有趣的人，有助於實現大多數人都極為渴望、卻不斷受挫的目標：敬畏可以改善人際關係，鼓舞人們對於活著感到快樂，甚至興奮。那麼，為什麼研究人員花了這麼久，才將敬畏帶入實驗室？

## 揭開敬畏的面紗

敬畏的科學方興未艾，它的研究歷史才剛於四分之一個世紀前展開。儘管人們長期以來對人類潛能與正向心理學深感興趣，但是談到情感時，心理學家往往傾向於檢視那

些所謂的人類負面行為。數十年來，研究人員始終抱持著一種「打或逃」的偏見，認為藉由了解那些深刻影響我們生存本能的情感（諸如恐懼與憤怒的負面情緒），我們將獲益最多。

這種偏見在一九九〇年代末發生了轉變。當時，科學界發現**正面情感在演化中所扮演的角色具有重要價值，而且，具備實質的重要性**。

又過了好些年，有人開始仔細檢視正面情感中最崇高的一種——敬畏。他們並非想把最好的留在最後研究，相反地，是因為始終苦苦掙扎於若干根本問題，例如，如何描述像敬畏這麼複雜的情感？

**舉例來說，不同於幸福與恐懼這類單一面向的情感，敬畏既可以是正面、也可以是負面的情感**。我們感覺欣喜若狂抑或畏懼害怕，完全取決於敬畏情感所產生的環境背景：我們是否對自己所珍視、欣賞或大吃一驚的事物感到讚歎不已，抑或對眼前強大到令人生畏的事物深感恐懼或崇敬。

## 敬畏的兩個面向

敬畏其實是兩種不同的情感，但在歷史上始終共用相同的名稱。**基於威脅的敬畏（threat-based awe）與基於正向情感的敬畏（positive-based awe）源自大腦的不同部位。**

在一項研究中，研究人員利用激發敬畏情感的影片與神經成像（neuroimaging，功能性磁振造影〔functional MRI〕）來顯示受試者在體驗基於威脅的敬畏與基於正向情感的敬畏時，兩者會點亮大腦的哪些區域。結果他們發現意義重大的差異性。當受試者感受到威脅存在時，大腦左側的顳葉中迴（middle temporal gyrus, MTG）會與處理威脅經驗的杏仁核產生緊密連結；而當受試者感受到正向情感時，顳葉中迴則會與前扣帶皮層（anterior cingulate cortex）、後扣帶皮層（posterior cingulate cortex）（兩者皆涉及獎勵過程），以及緣上迴（supramarginal gyrus，涉及敬佩與同情的表達）產生緊密連結。[55]

基於威脅的敬畏與基於正向情感的敬畏，兩者唯一的相似之處在於它們對我們的影響程度，以及它們是多麼難以描述與形容。雖然兩種敬畏情感都十分強大，但我們主要將專注於後者。

幾個世紀以來，我們使用敬畏這個詞的方式已然改變。古代歷史對於情感的描繪相當隱晦模糊。敬畏這個詞的初次使用，可能出現於古北歐語（Old Norse），幾個世紀以來，敬畏一直被用來形容與神聖存在相關的恐懼或驚駭。敬畏，也被視為是某些人所認為的「敬畏上帝」（the fear of God）的源頭，一種對神的崇敬；亦即，如果我們的行為舉止並未照著神的指示去做，神就會因此降下懲罰。

聖經中使用的是希伯來語的敬畏（*yirah*）這個字，翻譯成一種可喚起懼怕、喜悅、驚歎的敬畏感，促使我們對上帝感到「驚奇」（《以賽亞書》（*Isaiah*）二十九篇第九節）或是對上帝的奇蹟深感驚異，抑或是「願全世界都敬畏耶和華；願世上所有的居民都敬畏祂」（《詩篇》（*Psalms*）三十三篇第八節）。

到了啟蒙時代，敬畏的定義不再那麼嚴格，至少在英文中是如此。* 一七〇〇年代，敬畏被用來描述不必然與宗教相關、而是與熟悉或美麗事物相關的非凡經驗，譬如雷聲或是交響樂團的演奏。這項定義是基於：這些經驗都是神奇的。如今，與古代起源相較，敬畏的意涵已然更弦易轍；儘管仍然被用來描述恐懼，但更常被用來指稱令人大感驚奇、美好到令人屏息的正向體驗。

除了如何定義敬畏這個難題之外，研究人員亦致力於想方設法、將敬畏帶入實驗室。如果敬畏與眼前出現的非凡人事物有關，那麼，研究人員是否必須將實驗室與參與者帶到世界七大奇景，才能順利進行實驗呢？此外，敬畏情感往往轉瞬即逝、難以捕捉，你該如何評量它呢？最終，研究人員克服了這些挑戰（正如第一章中所見），但最初，敬畏就是出於這些原因而始終未能被當成研究主題。所幸，它並沒有被遺忘。

## 對於敬畏的全新觀點

一九八〇年代末的一天，加州大學舊金山分校的年輕研究生達契爾・克特納與他的心理學教授保羅・艾克曼（Paul Ekman）坐在俯瞰舊金山的露天平臺上，討論著克特納應該研究什麼主題。艾克曼的目光投向以海灣與海洋為背景的舊金山城市景觀，說道：「敬畏」。艾克曼播下了一顆種子。[56]

十多年後，現任職於加州大學柏克萊分校的克特納與任職於紐約大學的社會心理學家喬納森・海特，於二〇〇三年發表了一篇具有里程碑意義的論文，將敬畏描述為「一種道德、靈性、美學的情感」。他們不僅透過研究敬畏這個詞的起源來定義它，更為如何研究這種最壯麗、宏偉的情感建立起一個框架。

克特納與海特為隨後不久如雨後春筍般出現的敬畏研究做好了準備。藉著將敬畏體驗提煉出兩種基本的精華機制，他們將敬畏與其他情感區分開來：**體驗敬畏需要浩瀚無垠（vastness）的感受，或是說感覺我們屬於某種比自己更偉大的事物；需要認知調適（cognitive accommodation），**可迅速改變我們觀點的能力。之後，研究人員又確定了額外的兩項特質：**敬畏可擴展我們對時間的感知；並且提升利社會（prosocial）的傾向，亦即與他人建立連結、參與社區，做出對團體而非對個人最有利的事。**這四項敬畏的機制，不僅是敬畏諸多好處的原因，更是我們做為一個物種持續存在的理由。倘若沒有這些特質，我們的演化過程可能會被縮短。

這四種機制，是否需要全部體驗才能感受到敬畏？可以將這些特質想像成音符，

* 在荷蘭語中，諸如「害怕」（ontzag）與「恐懼」（vrees）等意指敬畏的字詞，至今仍意味著懼怕、崇敬或恐懼，這使得研究敬畏的正面影響對荷蘭的研究人員來說，成了一項艱難的挑戰。

如果你擊中其中一個，它只是音符；如果你擊中三個，就成了和弦。每一個音符或和弦都有不同的樂音與感受，或可說是不同的韻味；不同的人會以不同的方式體驗敬畏，感受到的強烈程度也不盡相同。第十一章將深入而全面地探討敬畏體驗所含括的範圍，現在，只希望你有足夠的好奇心去探索浩瀚無垠、認知調適、時間感知以及利社會行為，如此一來，當你體驗到敬畏情感時，就能辨識出這些特性。

## 浩瀚無垠：一種擴展的體驗

浩瀚無垠通常被用來描述某些廣闊或無邊無際的事物。但是，當談到敬畏的浩瀚無垠時，**我們指的並不是敬畏的來源，而是敬畏讓我們置身於一種存在狀態**。在敬畏的感受下，浩瀚無垠是指任何能讓我們感覺自己身處於某種比自我更偉大的事物之中——一種超越我們正常經驗範圍的體驗。

雖然廣闊、壯觀的景致可以讓我們產生敬畏感，但它並非感受浩瀚無垠這個情感音符的必要條件。**敬畏的浩瀚無垠，是你內心所感受到的浩瀚無垠。**

正如A·W·E·方法所呈現，我們的研究所取得的一項突破，就是**可在平凡的日常**

**事物中發現敬畏的浩瀚無垠。**光是專注在一片楓葉的葉脈，或是觀看幼兒帶著童稚的驚奇感玩耍的簡單之舉，都能讓我們接上體驗敬畏的軌道，感受到自己是某種更偉大事物的一部分，並且擴展我們的意識——意識到自身成為這個世界的一部分意味著什麼。

體驗浩瀚無垠對我們極有助益，因為這項體驗可能會強大到改變我們個人的生活。感受到自己的渺小，**我們的自我以一種好的方式減輕了些，也為其他觀點騰出了空間。**

當我們的自我感減輕時，你可能會以為，我們將覺得自己的所作所為變得不重要或是沒那麼有意義，但其實不然。這裡會產生的一個悖論是：**當我們的自我感減輕時，會感覺在其他方面更重要、更有意義。**這聽起來像是違反直覺的說法，但是，當我們與更偉大的事物（不論這項事物是大自然、我們的工作場所、一場政治運動、上帝或是某種宇宙能量）產生連結時，我們在這個世界的定位也會隨之改變。感受到動力的存在，自己正隨著這股動力前進；我們不再只靠自己、孤獨無助。某件事情正在發生，而我們也是它的一部分，與它緊密連結。

在個人層面上，**當我們變得不再只關心自身利益、不那麼自戀、不那麼在意自己，我們就能放鬆。必須脫穎而出、與眾不同或競爭的壓力都消失了，取而代之的是謙卑。**謙卑有種讓人深感安心、寬慰的特質，是一種撫慰人心的情感。我們關注的焦點會更往外開展，與他人的溝通交流也更輕鬆自然，對話更令人愉快、更具成效、更有意義。

麥可講述了一個故事，有關他如何從地球上某些最微小的生物，獲取大劑量的謙卑。他曾經有一段職業倦怠期，當時，他與一群激流泛舟的朋友一起沿著科羅拉多河進入大峽谷深處。除了進行一場史詩般的十九天冒險活動之外，他們還有一個目標是參與公民科學，為氣候變遷的研究收集昆蟲。

每天晚上，這個小組都會點燃明亮的燈光來吸引昆蟲進入他們的收集工具箱。在這些時刻，整個昆蟲宇宙都活躍了起來；昆蟲的數量與種類令人詫異，所有不同形狀、顏色以及大小的昆蟲似乎都憑空出現了，而且都朝向一個共同的宇宙標記撲過來：光。

麥可原本預期，大峽谷十八億年前的層層疊疊的地質結構會讓他產生敬畏之情，但他從沒想到，一大群的小蟲竟讓他感覺與某種比自己更偉大的事物產生連結。麥可就在那裡，周遭有成千上萬他並未意識到的生物圍繞著他，直到他打開燈光才發現；因為在整趟旅程中，麥可一直沉浸在自己的思緒之中，並未注意到牠們的存在。當成群結隊的蟲兒彷彿從沉睡中甦醒過來時，麥可也甦醒了過來；他的自我感減輕，視野卻擴展了。他和他的麻煩事並不如想像的那麼嚴重，生活也比他所想的更有意義、更令人滿意。

麥可在這趟旅行中努力工作（也盡情玩樂），因此回家時神清氣爽，感覺煥然一

## 想想看

你是否曾經感受到自己只是一場大型活動或一項專案計畫的一小部分，一群人可以完成的事，遠比你自己可以完成得更多？

你是否曾經感受到參與某項特殊活動的動力，儘管你並不特別突出，但這項經驗對你個人來說卻是意義非凡？你是否曾在雄偉壯麗的大自然景致中迷失、或是感受到自己的渺小？想像一下，攀爬上森林中隨風搖曳的松樹頂端是什麼樣的感覺？你是否曾經親眼見證新生兒的出生、或是某人或某物的死亡？

新。雖然他體驗到的浩瀚無垠（部分的敬畏）十分短暫，但他將自己深受啟發的視野，以及對那些令人深感敬畏與驚歎的昆蟲記憶，帶回到日常生活之中。

浩瀚無垠創造出以不同觀點看待事物所需的空間。我們可能會感到自己的感知受到了微妙的干擾，這就是所謂的認知調適，就像一盞燈泡被點亮了，激發出新的思考方式。

## 認知調適：創造新觀點

認知調適或許是敬畏最有趣的一項特質。充滿敬畏的體驗可能會顛覆我們的觀念，或是顛覆我們感知、看待、理解以及賦予自己與周遭世界意義的方式。為了理解這種激勵人心的全新感受與體驗，我們對這世界的感知與理解會發生轉變或擴展，將超越以往宛如井底之蛙般的狹隘。這種轉變是發生在認知的層面，涉及我們的思考方式，十分微妙而快速；這是一種**微細但顯著的迷向（disorientation），使我們停下來思索，或是重新思考我們「所知」的事實**。

為了去調整、適應這項轉變，亦即為了去理解它，我們會看出其中更廣大、更完整的格局；這會改變我們看待或接觸事物的方式，譬如大自然。舉例來說，如果約翰．繆爾（John Muir，博物學家、自然資源保護主義者、塞拉俱樂部〔Sierra Club〕創辦人）某天在威斯康辛大學麥迪遜分校（University of Wisconsin, Madison）沒有經歷過認知調適——我們稱之為「敬畏頓悟」（awe-piphany）——那麼，今日的世界可能會是另一幅截然不同的面貌。

當時，繆爾坐在戶外，他植物學課程的一位同學拿了一朵刺槐花給他看，並向他解釋刺槐屬於豆科植物。繆爾大吃一驚，因為豆科植物一般最多不過八英尺（約二．四公尺）高，為什麼長到一百英尺（約三〇．四八公尺）高的刺槐會是豆科植物的一員？五十年後，繆爾在他的自傳裡回想起那一刻：

這堂精采的課程迷住了我，讓我帶著一股狂熱飛向森林與草地。跟其他人一樣，我一直很愛花兒，也深為花兒的外在之美及其純淨色彩所吸引。但如今，我的眼界被打開了，我看見了它們的內在之美，向我們揭示了上帝思維的輝煌痕跡，一路引領我們直達無垠的宇宙。[57]

繆爾持續協助建立了數座國家公園，包括優勝美地與大峽谷。

有些敬畏研究檢視了認知調適如何影響我們對想法或信念的執著與依戀。具體來說，研究人員會仔細審視個人對於放棄自己在宗教與社會正義等主題核心信念之意願，因為人們對這些主題的信念往往不容置疑，而且堅定不移。舉例來說，當涉及對上帝、政黨或氣候變遷的看法時，許多人完全沒有讓步的空間。在敬畏體驗中，因為經歷了認知調適，我們會更樂於以開放的心胸，甚至謙卑的心態來看待自己的信念。[58]我們會質疑自己的信念，不是出於被迫或義務，而是出於真誠的好奇心或「不知道」，從而產生新的理解，以及隨之而來的重新評估。放鬆對自身信念與理念的執著牽絆，有助於讓我們以全新的觀點來重新審視它們。這並不必然意味著，必須放棄理念，或是為我們認為正確的事打退堂鼓；而是以一種開放的心胸與心智來審視自己的信念。

如此一來，允許其他觀點進入我們的心靈，最終形成一種更全面、更完整的觀點。

敬畏也讓我們感覺較不執著於想法、觀念，甚至財物。數項研究得出的結論是，敬畏可以幫助我們超越累積財富與財物的需求。[59]

敬畏體驗經歷到的認知調適，也改善了我們與他人的關係及互動。人們會發現我們更容易相處，因為我們變得不那麼愛批判他人，更樂於享受他人的陪伴。當產生互動的雙方都有能力去進行調適時，結果就會令人耳目一新。傑克誠實地講述了一個故事，說明認知調適如何幫助他克服偏見——而他甚至不知道自己有這樣的偏見。

數年前，當萊拉（Layla）第一次走進傑克的辦公室時，他有點措手不及；一身機車騎士裝扮、滿身刺青的萊拉，並不是他的典型客戶，而且她看起來充滿怒氣與防禦性。萊拉因為謀殺罪，在監獄裡度過了二十年，直到現在才被釋放；而她參加治療的主要原因，是想搞清楚她該做什麼來維持生活。同時，她也正在克服藥物與酒精成癮的問題。傑克雖然對萊拉的狀況並不熟悉，而且有些膽怯，但他還是接受了這項挑戰。

事實證明，幫助萊拉遠比傑克一開始想像得容易得多，而且回報豐厚。傑克很快開始欣賞真正的萊拉，而非他所以為的萊拉。在傑克與萊拉的療程中，他深深驚歎於萊拉與他對她的第一印象如此迥然不同。

正是人類有能力展現無限關懷精神的實例。在她人生的這個階段，她獲得了一種能看見他人真實樣貌、卻不加以評斷的能力。她創造出一個完全開放的空間，亦即為認知調適騰出了大量空間，以全新的方式看待人們與世界——即便是在最為極端的情況下。

光是萊拉的出現，就讓傑克體驗到了認知調適；他認為，萊拉也能從其他人身上引導出相同的感受。考慮到萊拉具備了以新鮮觀點看待人事物的才能，傑克建議她可以嘗試成為一名成癮諮詢師（addictions counselor）。如果有客戶聲稱自己已然跌落谷底、無法恢復，萊拉的個人故事正好證明了完全相反的結果。由於她的生命經驗，她可以鼓勵他人敞開心扉、重新思考什麼是可能的。對那些感到絕望的人來說，萊拉是一座希望的燈塔。

萊拉並不是一個讓人對她第一眼就印象深刻的人，但她的確讓人印象深刻。萊拉成為一名充滿愛心、深富同情心的諮詢師，並在過去十年左右的時間提供人們服務。

認知調適的非凡之處在於，它可以改變我們對任何事物的思考與感受方式，包括我們許多人感覺自己擁有太少的事物：時間。在敬畏體驗中，也許介於浩瀚無垠與認知調適之間的某處，我們也會體驗到截然不同的時間感，而這種時間感知被擴展了。

## 想想看

你是否曾經對某件事物抱持某種信念或先入為主的成見，其後隨著你對它的了解漸增，徹底改變了你的想法？

你是否曾經評斷過某人，結果那個人卻對你伸出援手、或是那個人與你原本所想像的截然不同？

你是否曾有過一種恐懼症，自己被禁錮在狹小的空間裡，但你後來克服了它？

你是否曾經堅持自己是對的，結果卻發現自己錯了？

## 時間感知

大多數人都曾經體驗過：有些時刻飛逝而過，有些時刻卻似乎停滯不前。在某些日子，我們幾乎感覺被迫要去消磨時間。或許在進行某個令我們感到緊張或並不期待的事件之前，還有幾個小時，我們會提前穿好衣服，焦急地等著搭車並搓著拇指。另一方面，當我們全神貫注於某個專案時，可能會完全忘記時間，處於全心沉浸其中的極佳狀態，感覺與正在進行的事合而為一，充滿活力並享受這樣的過程。當我們終於望向時鐘，才赫然發現已經過了好幾個小時，令自己大吃一驚。這是一種棒極了、極富生產力的狀態。但是，時間到底去了哪呢？

長久以來，研究人員將我們詮釋時間流逝的方式與我們在當下的感受畫上等號。當我們的活動令人愉快時，時間似乎過得很快；但是當我們憂鬱、焦慮或是寂寞時，時間似乎過得特別慢。然而，**在敬畏中，我們完全感受不到時間：時間感暫停了。**

其他正向的情感狀態不會產生這種時間感知的轉變。迄今為止與時間感知及敬畏最為相關的一項研究當中，研究人員向參與者展示了令人驚歎的巨大瀑布或人們與龐大動物互動的影片。研究人員發現，體驗敬畏的時刻不僅令人享受，而且享受的時間似乎比實際時間感覺起來更長；處於這些敬畏時刻之中，讓參與者感覺時間很充裕、流逝得更緩慢。這項研究將這種充裕感歸因為處於當下，亦即，參與者描述他們完全沉浸於當下，[60]彷彿敬畏是為了讓我們細細品味而設計的。

敬畏創造出一種永恆感，一種感受永恆的空間，彷彿沒有起點、也沒有盡頭。在我們這個繁忙的社會中，大多數人都感覺快被壓垮、淹沒了，並將時間視為稀少而珍貴之物；不受時間影響的永恆感可讓人暫時得到喘息，顯然極受歡迎。藉由延長這些時刻，敬畏消除了那種被壓垮、淹沒的感受。經歷了敬畏體驗之後，我們能在更少時間完成更多的事而不感覺匆促，我們與他人的連結方式也得到了顯著的改善。感受並表現得彷彿時間十分充裕而非稀缺不足，會改變我們人際關係的基調。

**敬畏藉著讓我們專注於當下，使我們的交感神經系統鎮定下來，從而消除忙碌當中始終如影隨形的那股緊迫感。**在這個將緊迫感排除在外的空間之中，我們才能體驗到耐心。如果我跟你正在交往，我會對你更有耐心、關係更緊密，想像一下這將如何改變我們對話的調性，從而改變我們的態度與觀點。這時，我們的連結將來自一個根本上截然不同的源頭，一個無虞緊迫與匱乏的豐饒之地。

除了敬畏的三項特質（浩瀚無垠、認知調節、時間感知的擴展）之外，研究人員亦著眼於檢視敬畏是否在我們的社會演化中扮演了重要角色；他們想知道，為什麼我們會感受到敬畏？研究發現，敬畏的演化意涵有其豐厚回報，對我們的生存來說亦至關重要。這些研究讓我們了解，對人類來說，**敬畏的最大好處，或許在於這種情感傾向於鼓勵我們採取與他人和睦相處的行為方式**。

## 我們進化的超能力：連結

荷蘭歷史學家羅格・布雷格曼（Rutger Bregman）曾經撰文探討人們向善的潛

## 想想看

你記得自己曾經感受過時間的擴展嗎？

你是否曾經忘了時間的流逝？

你是否曾經感受過時間的靜止？

你還記得小時候有人告訴你，你必須等待才能打開禮物嗎？

能。為了找出這項潛能，他回顧了古代人種。在他名為《人慈：橫跨二十萬年的人性旅程，用更好的視角看待自己》（*Humankind: A Hopeful History*）一書中，提出一項基本問題，哪些特點賦予了智人（*Homo sapiens*）演化的優勢？雖然羅格並未直接提及敬畏，但他的確建立起人類的生存以及我們與他人連結的能力這兩者之間的關聯性。布雷格曼寫道：「簡言之，人類絕對不會隱瞞情感。我們不斷地流露情感，並且與生俱來就有與周遭人相處的能力；對我們來說，這絕非一項不利的條件，而是真正的超能力。」[61]

利社會行為深受演化過程青睞，這證實了以下的理論：能誘發我們渴望與他人和睦相處的情感，在過去（現在亦然）對我們的生存至關緊要。對我們的祖先來說，部落的生活可以提供他們更多的保護，免受敵人侵擾以及某些大自然的嚴酷影響。狩獵與採集，以及後來的耕種與農作收成所需的集體努力，有助於確保團體中的每個人都能有充足的食物果腹。但是，在緊挨著彼此生活的情況下，我們必須保持友善，免得被趕出部落、自謀生計——但這種情況可說微乎其微。

愈能生活在共同社會之中、或者說愈能跟他人和睦相處，生存的機會就愈大。敬畏藉由鼓勵良善、慷慨、關懷行為來達成這個目標。敬畏使我們成為更好的人。

在「最友善者生存」（survival of the friendliest）的理論中，蘇聯科學家德米特里·別利亞耶夫（Dmitry Belyaev）宣稱，做個友善的人可能有助於我們找到可以生育下一代的配偶，這是人類這個物種得以存續的最終保證。從一九五〇年代開始，擔任西伯利亞首府新西伯利亞（Novosibirsk）細胞學與遺傳學研究所（Institute of Cytology and Genetics）所長的別利亞耶夫，花了數十年時間繁殖被圈養的銀狐；他的目標是了解遺傳學在馴養動物中所扮演的角色。多年來，別利亞耶夫與他的團隊在西伯利亞冰天雪地的平原或蚊蟲叢生的沼澤附近飼養了數百隻銀狐，並根據性格特徵為其混種與配對。當一隻友善的狐狸與另一隻友善的狐狸交配，生出來的狐狸會有更加友善的性格特質。

經過幾代之後，最容易親近的狐狸已經被馴化得宛如家犬，牠們會搖尾巴，並以各種方式展現對人類的情感與喜愛。這些狐狸不是由馴獸師、而是經由繁殖的方式被馴服。別利亞耶夫可能用實例證明了古代先祖如何將野狼變成「人類最好的朋友」。除了理解馴化如何發生，別利亞耶夫也提出「最友善者生存」理論來解釋人類的繁衍，認為「人類是被馴化的猿類……最友善的人類會繁衍出最多的後代。」[62]

我們想指出的是，友善與敬畏有關，因為敬畏使我們更傾向利社會、利他而無私；同理，利社會行為也會讓我們更能感受敬畏。如果我們仁慈、慷慨、有耐心，換句話說，友善、樂於與他人建立連結，就更可能自發性地產生敬畏體驗。這是一種持續不斷的回饋循環。反之亦然。當我們脫離利社會的狀態時，與他人相處也會變得愈發困難。

## 愛之藥與敬畏

催產素（oxytocin），一種在分娩、哺乳、擁抱、性高潮時釋放的荷爾蒙，會讓我們產生狂喜的感受；因此，有些人將其稱為「愛之藥」或「愛情荷爾蒙」。當我們處於敬畏體驗中時，身體很可能也會釋放催產素。

在杜克大學（Duke University）的一項研究中，研究人員給一組受試者服用了愛之藥，另一個對照組則被給予安慰劑。兩組對象都被要求冥想，並回答他們所感受的情感以及對靈性的看法等問題。服用了催產素的那組人，描述他們感受到與他人有著強烈的連結以及靈性的重要；同時，他們亦描述自己在冥想時感受到敬畏與其他正向的情感。63

大部分人不僅渴望與他人建立連結，亦渴望與整個世界建立連結。別利亞耶夫寫道，「我們的遠祖……從最寒冷的凍原到最炎熱的沙漠，深信萬物相互連結。他們視自身為某種更偉大事物的一部分，與所有其他動物、植物、大地之母相連……人類渴望團結與互動。我們的精神渴望連結，宛如我們的身體渴望食物。」64

許多研究都支持敬畏情感會引導我們與他人建立連結。舉例來說，一項研究使用了稱為「敬畏漫步」的介入措施，來測試敬畏對一群老年人的影響。或許沒有任何其他年齡層的人比老年人更容易受到社交脫節的影響，因此，研究人員轉向這群人以檢視敬畏與社會連結感的關係。

在八週的時間中，六十位參與者每週花十五分鐘在戶外散步。一組人進行敬畏漫步，在漫步時被指示要帶著孩子般的好奇心、沿路尋找新奇的事物；對照組則被要求散步就好。結果並不令人驚訝，敬畏漫步組描述他們在散步時體驗到喜悅與其他正向情感，從而增強了他們的社交連結感。他們的笑容甚至變多了。[65]

連結感也有利於我們的身體健康。北卡羅來納大學的研究人員確定，即便只是意識到我們擁有正向的社會連結，也有改善身體健康的效果。在這項研究中，研究人員使用一種冥想形式來誘發正向情感（包括敬畏），同時在實驗室中運用頻譜分析（spectral frequency analysis）來測量其對心率的影響。

六週中，一組參與者練習慈愛冥想，這種沉思的練習需要自我產生對他人的愛與善意之念。參與者在冥想時並未真的與他人產生交流，而是充滿愛地想到他人。對照組則不採行任何介入措施。

同時，研究人員會測量所有參與者的心臟迷走神經張力（cardiac vagal tone）。迷走神經張力是一個用來描述迷走神經活動的術語，迷走（*vagus*）這個字源自拉丁語，意指「漫遊」，描述神經如何從大腦一路蜿蜒往下、直到腹部。人體內最長的顱神經中，迷走神經擔負了重責，並影響了面部表情、聲音語調、聽力，到血壓、吞嚥能力、腸道功能等。

心臟迷走神經張力可反映出迷走神經如何影響心臟功能，藉由檢視心率變異性（heart rate variability, HRV）可以測量心臟迷走神經張力。如果你手腕上有佩戴任何一種健身追蹤器，可能對心律變異性這項指標不陌生，它會讓你知道，你的身體處理壓力的能力如何。心率變異性高（即心跳之間的時距變化）是好的，表示神經系統對日常生活中的壓力源（包括孤立與疾病等狀況）反應良好，而且整體感覺正向而積極。

迷走神經張力高是好的表現，表示迷走神經維持著健康的血壓、血糖、焦慮水平，對消化也有助益。當我們感覺安全時，也就是說，並不處於打或逃反應或是處於壓力之下時，迷走神經張力是最高的；而當我們處於壓力下時，迷走神經張力高有助於讓我們更快放鬆。迷走神經張力高也代表發炎程度輕微，心臟病發作的風險亦較低。

如果你還記得第二章中討論過的細胞激素與敬畏，可能會發現，有趣的是，心率變異性是威脅細胞激素負載量的一個良好指標：當威脅細胞激素負載量上升，心率變異性下降；反之，當安全細胞激素負載量上升，心率變異性水平也會上升。簡言之，這些迷走神經張力與心率變異性的「高」測量值告訴我們，身體若能妥善處理壓力，死亡風險也降低了。這意味著我們可能活得更久。

## 想想看

你是否曾經體驗過敬畏，同時這樣的體驗讓你感受到與他人、大白然、神靈、你自己或是你的身體，有更緊密的連結？

你是否曾經體驗過敬畏並感覺自己變得更慷慨大方、寬厚待人？

你是否曾經與某個你掛念的人在分開多年之後，重新取得聯繫，並對於你們竟然可以毫不費力地重續前緣，而深感驚歎？

你是否曾經與其他物種產生極其深厚的連結，甚至讓你對牠們感到敬畏？

在慈愛冥想的研究中發現，即便只是意識到我們擁有社會連結，也能體驗到正向的情感（較高的心率變異性與迷走神經張力），從而促進健康。良好的健康讓人感受到更為正向的情感。他們將這種效應稱為「自我維繫的不斷上升動力」（self-sustaining upward-spiral dynamic）。[66]

我們對連結與長壽已經有相當的了解。重新探討該主題的一百四十八項研究之後，楊百翰大學（Brigham Young University）的研究人員思考哪些因素對中年人長壽與否的影響最大。排在名單上第一位的不是健康、飲食或是運動，而是，舉例來說，人們在雜貨店或公車站的隨意交談。這類偶然相遇通常是沒有壓力的，但卻能提升歸屬感與連結感。排名第二位的是親密關係，或是說我們與那些需要時是可依靠的人們所建立的關係。[67]儘管這項研究與其他類似的研究探討的主題並非敬畏，它們仍證實了連結對我們的生存與健康至關緊要。正如我們從自己的研究中得知，每天體驗不到一分鐘的敬畏情感，就是對抗孤寂的有效解藥。

## A．W．E．時刻

敬畏最值得注意的一個面向，是它能幫助我們感受到與他人更為緊密的連結。而類似北卡羅來納大學研究中所運用的慈愛冥想，敬畏另一個最非凡而顯著的面向，是在我們全然孤獨時，能讓我們產生連結感。

方便時，你可以找一個讓自己獨處的所在，利用A．W．E．方法，想著一個你生命中最親愛的人。他們可能還在人世，也可能已經過世。試著想想這個人的清晰影像，或許是某段可捕捉其神韻或特質的回憶，或是某個特定的場景。

讓這幅影像停留在你的腦海中，全神貫注地想著它。

等待一次完整呼氣的時間、或者不只一次呼氣，同時花點時間欣賞這個人。想像你深深地望進他們的雙眸。

思索他們對你意味著什麼，你從他們身上學到了什麼，或是你如何因了解他們而成長為今日的你。

我們可以同時記住過去並活在當下。當你回想起來並去感受時，專心回想並感受就好。

然後，當你準備好，深深呼氣，讓你自己沉浸在這一刻的敬畏之中。

接下來的篇章中，我們將探討敬畏其他諸多好處。但首先，想先回答幾個問題：一種情感怎能產生如此廣泛而徹底的全面性影響？這些改變怎麼可能發生？連我們自己都很好奇。藉由逐一拆解A．W．E．方法來回答這些問題，觀察大腦與身體可能發生哪些改變，我們學到的不但無可置疑，而且簡直令人敬畏。

# A.W.E. 如何運作

第二部

# 04

# A——專注（Attention）：呈現我們的現實

李奧納多．達文西（Leonardo da Vinci）在文藝復興時期以畫家、工程師、科學家的身分為人所誌記。儘管成就斐然，他還是留下了大量未完成的工作，而且無法堅持到底。然而，當他發現某件事物有趣、重要或美麗到足以吸引他的注意力時，不僅會去觀察，還會深入挖掘瑣事，全神貫注於每一個細節上。他經常在平凡中發現驚奇，尤其在解剖學上；對脣部肌肉的超級專注力催生出〈蒙娜麗莎〉（*Mona Lisa*）與〈救世主〉（*Salvator Mundi*），這些藝術作品至今仍因畫中人物的神祕微笑而為人津津樂道——抑或，他們其實只是在皺眉？

**專注**，意味著將你全部的注意力，全神貫注集中於某件你所欣賞、珍視或深感驚奇的事物上。環顧你所在的房間，找出某項你所珍視、欣賞、特別美麗的事物，仔細檢視它，認真觀察。如果它是一個小東西，把它拿起來，開始注意它的所有細節；如果是一株植物，觸摸它的葉子，注意其紋理、色澤以及氣味，並注意蘊含其中的生命；如果是一幅畫，想像畫家正在作畫，並注意其深度、光線以及色彩。

**等待**意味著放慢速度或暫停。所以，吸氣——在你欣賞家中這件珍貴物事時，一邊深吸一口氣。

最後一步是**呼氣與擴展**，放大你所體驗到的所有感知。當你呼氣時，比平常呼氣再深一些，讓你的感受充滿你的內在並不斷擴展。你注意到什麼？你微笑了嗎？放鬆了嗎？感覺肚腹之中有一股暖意嗎？你的目光是否變得柔和，雙眼是否因為對於這件珍貴物品充滿感激之情而濕潤了？

專注力遠比我們大多數人意識到的更為強大。專注這個字來自拉丁語，意味著「向前延伸」。哲學家與心理學家威廉·詹姆斯（William James）將專注定義為「將事物呈現在心智面前的能力」，並補充，專注使我們脫離自我：「不僅是該事物對我們來說變得真實，專注本身也變得明顯可觸知。」[68] 達文西的專注力不但讓他脫離自我，更將他帶往敬畏。

## 專注力梯度

專注力有梯度，我們可將專注力看成小 *a* 與大A。小 *a* 的專注力多屬無意識、不加思索，可說是心智的奇蹟之一，亦即開車、對話、執行多項差事而毋須有意識地專注其上的能力。因為生活在過多的刺激當中，包括電話、電子郵件、簡訊、影片、電視、日程表、冗長的待辦事項清單以及各種分散注意力的事物，我們大多數人一天中的大部分時間都以小 *a* 的專注力度過。我們並未選擇自己專注的事項，只是對刺激做出了反應。

大A的專注力是有目的性的，我們設定了全心投入某件事物的意向；有意識地專注於一件事，所有感官都為眼前的事物做好準備，置自己於一種準備就緒並樂於接受的狀態。為了騰出空間給專注的對象，我們必須放棄胡思亂想，以及在自動導航無意識狀態下所做的事。深入專注在一件事物上，即便只有幾秒鐘，也有其可貴之處。專注讓我們得以用全新的角度去看待對象，超越先入為主的想法，深入、徹底理解該對象。

如此一來，新奇的感受油然而生，或可說是敬畏研究人員所指稱的「認知調適」。為了調適、或是說騰出空間給新的感知，我們會改變感受的方式，從而產生敬畏情感。這也是達文西如何去觀察、然後畫出獨特雙層的方式。敬畏需要運用大A的專注力，因此必須注意我們對事物的專注程度以及我們所專注的事物。

## 呈現我們的現實

珍妮・奧德爾（Jenny Odell）在她《如何「無所事事」：一種對注意力經濟的抵抗》（*How to Do Nothing: Resisting the Attention Economy*）一書中，談到當所有商業體都在爭奪我們的注意力跟錢包時，壓倒性的攻勢將決定我們會把注意力放在什麼事物上。這種入侵不但持續不斷，而且深具破壞力。在大多數情況下，我們只會注意到那些對我們來說無關緊要的表面事物，因為注意力就只有這麼多。

奧德爾促請我們擺脫注意力經濟並保持「無所事事」，這與要求我們專注於對自己有意義事物的呼籲不謀而合；同時，她所傳達的訊息極為迫切：「我們有更多理由應該深化注意力，而非只是抵抗注意力經濟。因為我們所專注、不專注的事物，將以極為真實的方式、一絲不苟地呈現出現實。」[69]

我們可以決定有意識地專注於什麼事物上。例如，另一半做完晚餐後，在廚房留下一團亂，如果只看到這件事，可能會讓我們整個晚上都火冒三丈。或者可以專注於剛享用的美味佳餚，並藉著有趣的對話來享受清理廚房的樂趣。

**這種選擇稱之為「選擇性感知」（selective perception）。選擇專注於什麼，亦即選擇感知什麼，在很大程度上呈現了我們的現實，決定了我們如何看待、體驗這個世界。**

詹姆斯體認到，如果我們沒有這種選擇，生活將會變得混亂失序：

> 外界有數以百萬計的事物呈現在我的感官之前，但從未真正進入我的經驗中。為什麼？因為我對它們沒有「興趣」。我的經驗是我同意去關注的事物，**唯有那些被我注意到的事物才能塑造我的心智**。倘若沒有選擇性，經驗只會是一團混亂。總之，光是興趣本身，就能提供特色與重點、明與暗、背景與前景的可理解觀點。雖然所有人的興趣各

不相同，但倘若沒有興趣，每個人的意識都會陰暗混亂、不加判斷、雜亂無章，甚至無法想像。70

每一秒鐘，都有數百萬位元的資料輸入、轟炸著我們的神經系統——遠多於我們可專注的資訊量。倘若沒有選擇性感知的能力，我們強大有力、但尚未充分利用且過度刺激的大腦，將會被巨量資訊壓垮與淹沒。選擇性感知也限制了我們，出於它讓我們保持運作的相同原因：確保我們只意識到周遭世界的一小部分。問題是，我們並未有意識地決定什麼是不需專注的事物。

舉例來說，我們可能只專注於自己的需求、而非他人的需求；只關注於自己的痛苦、而非喜悅；只看見自己的缺點、而非優點；只專注於追求自己的目標、而從未注意到窗外的天氣或鳥兒啁啾鳴囀之聲；只看到自己的屋舍有什麼問題、而非迷人之處；只盲目地接受，而鮮少質疑關於種族、政治、性別或環境的特定集體意識。

結果呢？可能會困在自己所呈現的現實中，並未意識到這只是基於一小部分可取得的資訊。我們的信念與觀點受到了限制，甚至可能對我們造成阻礙；外面的世界，比我們允許自己去注意到的範圍要大得多了。

為了體驗若干你可能錯過的事物，花點時間環顧你的家，彷彿你正在一座博物館中，長久駐足以欣賞某些你最近並未留意到的事物。

- 你是否有一件可以觀察、欣賞的藝術品或攝影作品？
- 你是否有任何雕塑品、燈具、鏡子或檯燈，它們的背後有一段故事？或者是毯子、枕頭、地毯或花瓶？
- 當某件事物吸引了你的注意力，停下來、等待、慢慢地呼吸，同時全神貫注於你正在觀察的事物上。
- 這件事物喚起了你的回憶嗎？是誰送給你的？他們發生了什麼事？
- 這件事物最後是怎麼來到你家的？注意它的品質、特徵、細節以及你以前從未注意過的一切。呼氣並擴展成一個微笑。

這些回憶，每一段都能提供你片刻的敬畏。現在，你將這些回憶迎入你的心中，一次一段。

## 走捷徑

為忙碌不已的大腦減輕負擔，另一件事就是走捷徑。大腦有專門用來儲存記憶的神經元，而我們則利用記憶來創造出假設並歸納出通則。這個方法運作得極為良好，尤其對日常生活中的例行公事更是如此。舉例來說，每次我們走近一扇門，毋須重新學習門把是什麼，或者如何使用門把，就能轉開門把並走過這扇門；我們不加思索就能做到這件事，因為大腦已儲存了相關資料，即使我們並未意識到這一點。就好像大腦有一套目錄，裝滿了預先設定好的、種種關於現實的臆測與推估。再次強調，走捷徑是必要的，但也是有限的。儘管這些再熟悉不過的先入之見，能幫助管理每秒鐘不斷湧入的大量資料，並有助於我們確定方向；但也會讓我們落入不加思索、抽離現況的舒適圈。於是，我們開啟成自動導航狀態，輕易地把這些視為理所當然。

未能充分融入周遭環境，亦即並未完全處於當下，我們會錯過身旁諸多美景與奇蹟。在打開大門之前，不太可能停下腳步去驚歎門把的運作方式，或者門把最初是怎麼被發明出來的。

大腦運用選擇性感知，儲存若干資料以備未來之需的能力極為出色，因為這項能力可確保我們不會在詹姆斯所說的「陰暗混亂、不加判斷、雜亂無章」之中度過一天，並且更能理解我們的現實。但是在運用的過程中，我們錯過了什麼？

## 敬畏的現成來源

我們認識的世界極微極小，如果挑選一件事、一件簡單的事，並且稍微專注於其上呢？日常生活中有那麼多圍繞在身邊的事物值得一看，或說值得以全新的眼光去審視；而其中有許多都是敬畏的現成來源。

電視名人傑森．席爾瓦（Jason Silva）堅信我們可以運用敬畏的力量來脫離自動導航的狀態。在他名為《品嘗敬畏》（*Shots of Awe*）的YouTube系列中，深具說服力地描述了當我們抽離現實時，錯過了多少美好的事物：

我深思下列兩者之間的懸殊差異：平庸陳腐與驚異奇景、抽離現實與煥發狂喜、不受當下的影響與全然沉醉於當下。我認為，心理習慣是人類的一大問題，一旦我們創造出一個舒適區，就鮮少踏出這個舒適區……對相同的事物、相同的刺激，一次又一次地過度刺激，會使所謂的刺激變得無形無感。你的大腦已然自行繪製出這種刺激的地圖，不再需要你參與其中。**我們變得有眼不看、有耳不聽，心既無法感受，亦無法理解。**[71]

許多時候，我們可以選擇藉由脫離自動導航狀態以及重新呈現現實來激勵自己，從平凡轉為敬畏、或是席爾瓦所稱的「煥發狂喜」。有了A·W·E·，隨時可以這麼做，而且只須幾秒鐘。首先，只要有意識地將全副專注力放在周遭平凡事物上、一小件令人驚異的美麗事物上。

A·W·E·方法端賴我們對自己所珍視、欣賞或深感驚歎的事物付出大A等級的專注力，這也正是A·W·E·中的A所欲達成的目的。專注於這些事物，能讓心智與心靈聚焦於最可能促成敬畏情感產生的部分——而且是敬畏的定義中最好的那個部分。

**當我們滿懷敬畏時，意識到的現實也會改變，一切看起來都不一樣了。**對專注對象原本的先入之見破滅，可能抱持的任何既定想法也被打斷，這種新奇感會帶來微妙的迷向；而為了適應這種迷向，我們就必須調適感知上的改變，從而喚起驚奇感，這讓我們踏入一個充滿無盡可能性、以前從未能預見、令人興奮又激動的世界。在這一刻，我們也隨之改變了。

這就是敬畏呈現給我們的現實。敬畏喚醒我們，在平凡中看見不平凡的事物。於是突然之間，門把變成了一項發明的傑作、一個奇蹟。周遭一切開始呈現出一種廣無邊際的特性，一種充滿活力的永恆感。這一切，全始於專注。

要求人們藉由專注於正向本質的事物來改變他們的現實，聽起來可能像是陳腔濫調，然而其骨牌效應極為深遠。這種正向不僅會激發正向的敬畏表現、暫時地改變並擴展我們的感知，更呈現出敬畏有益於健康與幸福的另一個原因：正向將我們置於物理學與醫學所謂的同調性（*coherence*）之中，而同調性正是一種已被廣泛研究的生理現象。

### A·W·E·時刻

想想奧斯本·多西（Osbourn Dorsey），一位十六歲的非裔美國人，他在一八七八年提出了第一項現代門把的專利。這位黑人青年在美國內戰之後不久即申請並獲得專利，這個念頭本身就令人深感敬畏。但是，在不到兩個世紀之後，我們已經將他與門把的存在視為理所當然了。時間讓我們遺忘了多西與他的成就，這個想法也讓人敬畏不已。不妨再想想多西是多麼專注於觀察開關一扇門這個簡單的動作，因而永遠改變了全世界人們進入房間或打開壁櫥的方式。這又是另一個可以激發敬畏情感的時刻。

## 同調性：最快樂者生存

在里卡多·拆里（Riccardo Chailly）指揮莫札特G小調第四十號交響曲的指揮棒尚未落下之前，你可以聽到一根針掉在地上的聲音。劇院裡一片靜默，所有人都屏住了呼吸。音樂家們擺好姿勢、翹首以待，等著這位國際級的義大利指揮家雙手落下，示意演奏開始。當演出者在台上盡情發揮時，熱情洋溢的樂音也讓台下觀眾如痴如醉。

要創造出這種魔法，需要諸多事項井然有序地進行。職業生涯中幾乎每一天都花在練習或表演的音樂家們，必須在此時做好準備，所有的樂器都調好音，戲院的音響效果處於最佳狀態，鐃鈸在正確時刻敲擊出聲。一個深具魅力的交響樂團，需要有同調性的存在；即使只有一個構成要素偏離了，舉例來說，如果一名長號手吹出錯誤的刺耳音符，就會產生不和諧音，音樂廳裡的每個人都會知道，並因此深感不安、心緒不寧。

在人體中，同調性有點像是一個訓練有素、紀律井然的交響樂團，所有器官系統不但彼此合作無間，更與心智、情感和衷共濟。當功能如預期般運作得當時，身體即可出色地完成工作，我們會體驗到最理想的血壓、強化的免疫力、深沉的睡眠以及活力四射的能量。簡言之，身心、情感、精神層面都感覺良好，而且壽命變得更長。

聽起來或許很簡單，但同調性是由電子信號所驅動，而這些電子信號是在我們感受到正向情感時，由心臟所產生。愛、熱情、感謝、喜悅以及敬畏，都能將我們帶往同調性的狀態，部分是借助心率變異性的提升（參見第三章「我們進化的超能力：連結」），這意味著我們處理壓力得當。心能商數學會（HeartMath Institute）曾進行大量的研究，證明了正向感受與保持健康之間的關聯性。

值得注意的是，敬畏與其他感覺良好的情感截然不同。首先，如果我們感到沮喪、憂鬱，不一定能讓自己在當下感到快樂，這時，同調性似乎遙不可及；然而在正向情感中，敬畏十分獨特，即便當我們感受沮喪或其他負向情感時，還是能體驗到敬畏情感。其次，運用A．W．E．方法，可以立即（在五到十五秒內）進入敬畏狀態；因此，毋須等到不再感覺沮喪才能回歸同調性。不論我們的情感狀態如何，A．W．E．都是一條通往同調性的快速捷徑。

同調性並非一個全有或全無的極端命題。就像管弦樂團團員會幫樂器調音，我們也會不斷地調整並試圖恢復到某種程度的同調性。當情感上一切都健全而良好，亦即感受到正向情感時，健康的身心能保持高度的同調性；而若引入一個充滿壓力的想法或經驗（例如太早帶入法國號的樂段），同調性就會減弱。

心臟與大腦有著錯綜複雜的關聯性，兩者不斷交換神經訊號。當我們感受到壓力時，會產生一連串生物變化，包括壓力荷爾蒙的釋放，使得心臟跳得更快；而這種心跳的改變，會直接影響大腦處理情感的過程。當我們受到脅迫時，突然之間，可能會發現自己無法正常思考、不記得剛剛讀過的內容，甚至無法做出簡單的決定。我們高興不起來，也感受不到愛，有的是緊張不安或甚至感到害怕。

壓力會藉由開啟交感神經系統以及身體的戰鬥—逃跑反應，讓我們進入所謂的「防禦生理學」（defense physiology），擾亂我們的同調性。現在，我們處於警戒狀態，準備用額外的能量來保護自己（或逃之夭夭）遠離威脅來源。身體會按照它設計的方式運作，在感覺受到威脅時啟動交感神經；但同時，我們也就無法感受高度的同調性，因為身體會釋放出威脅細胞激素（參見第二章）。

長久以來，科學讓我們知道，演化將人類的身體設計成大部分時間處於副交感神經的狀態，以便保有最佳運作所需的能量，從而促成同調性。壓力反應只是針對緊急狀況而設計。我們也被警告，二十一世紀的壓力持續不斷、無遠弗屆，並不是偶爾遇上老虎與入侵者的突發狀況，而交感神經系統就是設計來對抗這些狀況，幫助我們恢復體內平衡（homeostasis）。我們都聽過這個說法：大部分人都處於壓力狀態太久，身體因過度活躍的交感神經系統而負擔過重，需要放鬆。

有些研究人員的理論是，**同調性的最理想狀態會發生在副交感神經系統被活化，同時交感神經被適度喚醒的「區域」，既非完全放鬆、亦非過度警戒**。在這種狀態下，身體反而會受到刺激並充滿活力，讓我們得以享受生活或完成某些事項。這就是我們用來跳舞、做愛、合唱，與他人建立連結的能量。研究人員稱其為一種動員、或「利社會」的狀態，這也是體驗敬畏時所進入的狀態。

進入或恢復同調性的方法之一，就是短暫體驗任何正向的情感（譬如敬畏或感恩）。[72]在大部分情況下，恢復同調性涉及專注於讓我們感到快樂或感謝的人事物上。這或許是為什麼心靈領袖告訴我們要心懷感恩，心理學家也要求我們要以正面而非負面角度來看待事情的原因，但這並不容易做到。

在達爾文描述的演化過程中，每個物種只有最適者才能生存下來，並將其強健的

DNA傳遞下去。而同調性讓我們看到了生存硬幣的另一面：最快樂者生存。感受正向情感，會讓我們的身心都處於健康的狀態。

專注是接近敬畏情感的第一步。敬畏情感在諸多正面情感中占有十分獨特的地位，在感受它的同時，也可以感受到其他情感——甚至包括被認為是負面的情感。敬畏體驗可以讓身體處於同調性的最理想狀態，同時提升全面性的健康與幸福感。

A．W．E．方法的下一個階段是等待，亦即當我們進入「當下」時——有些人視為最神聖的空間——暫時停頓。

# 05

# W——等待（Wait）：置身當下

當下這一刻充滿喜樂。你如果留心，就會看到。

——釋一行（Thich Nhat Hanh），《橘子禪：呼吸，微笑，步步安樂行》（*Peace Is Every Step: The Path of Mindfulness in Everyday Life*）

尊重這一刻就是尊重你遇到的每一個人，你唯一能遇見他們的所在就是當下。

——艾克哈特．托勒（Eckhart Tolle）

如果你還記得，我們對敬畏的定義是：「一種情感的體驗，這種體驗可感受到某種事物當下的存在，超越了我們對世界的正常感知。」

A．W．E．中的W就是等待，亦即我們體驗當下的暫時停頓。當下具備了一種廣闊無垠的特性，讓心智不再過度思慮、處理資訊，而只成為觀察者。

在當下，沒有任何的待辦事項。無事可做、也無處可去，毋須思考，只有存在。因為我們選擇了與我們所珍視、欣賞或深感驚奇的事物一起存在於當下，對這一刻的感受，將成為滋養身心、強大有力的體驗。

然而，是什麼使心智得以暫時停駐於當下？當我們不在當下時會發生什麼事？我們會在哪裡？

## 預設模式網絡

數十年來，馬庫斯・賴希勒（Marcus Raichle）博士始終致力於探討大腦的運作方式，以他的話來說，就是「一個生物體如何讓自己井然有序地組織起來？」[73]

早在二〇〇一年，當時在聖路易華盛頓大學擔任神經學家的賴希勒博士就使用了正子斷層造影（positron emission tomography, PET）與功能性磁振造影（ｆＭＲＩ）掃描來比較兩組大腦：一組受試者是清醒的，但不做任何事；另一組則專注於某項任務上。他的發現讓他自己大吃一驚：在無所事事的對照組中，大腦有大片區域被點亮，表示有大量的神經活動正在進行。至於另一組任務導向的受試者，他們在相同區域的大腦活動則變暗了。結論是？當我們並未積極地把注意力集中在某件事物上時，也就是當我們並未置身當下時，大腦會自動返回預設模式；此時，我們有若干神經網絡會異常忙碌。

大腦這些區域被稱為**預設模式網絡**（default mode network, DMN），當這些網絡活躍時，會充滿胡思亂想或沉思默想。心智利用儲存資料做為素材，從一個念頭漫遊到另一個念頭：做白日夢、計畫、擔心、想到自己是多麼地無聊。我們給自己評價，並思考別人如何看待我們。此時，我們活在為自己所創造的故事裡；在時間中旅行、重溫回憶、預測未來。我們到處遊逛，就是不在當下。

**預設模式網絡是「猴子心智」**（monkey mind），大部分冥想者都試圖平息心智這種持續不斷的喋喋不休。（說到猴子，黑猩猩與獼猴也有預設模式網絡，小老鼠與大老鼠也是如此。）[74]

要供給這些思緒燃料，需要巨大的能量。據賴希勒博士估計，預設模式網絡代謝掉百分之九十的大腦所需能量；當你仔細想想，會發現著實不可思議，似乎也是一種資源浪費。然而，對神經科學家來說，這個數據並不讓人驚訝，因為預設模式網絡相當複雜。儘管尚未被全盤了解，賴希勒與其他人認為這套網絡肩負了一項重大任務：防止彼此競爭的大腦信號相互干擾並「陷入無政府狀態」，從而維持大腦的秩序。[75]因此，儘管預設模式網絡可能是我們儲存若干使人分心的想法與感知的所在，仍是生物體的重要組成部分。

在自我對話多為負面的人們身上，預設模式網絡活動的增加與憂鬱、焦慮有關。但這套網絡並不總是充斥負面與消極，也可以是一個快樂的地方。

達特茅斯學院的神經科學教授、亦是大腦成像領域的領先研究者托爾．瓦格（Tor Wager）博士，對某些科學家針對預設模式網絡的描述方式提出了批評。他將這套網絡視為「一個神經的工作區」，代表與自我相關的概念與想法，而非一套實際存在的網絡。[76]根據瓦格所言，影響預設模式網絡的內容比平息它更為重要。

「我認為它更像是一棟房舍，而非一個音量旋鈕或開關，」他在給傑克的電子郵件中寫道，「（使用旋鈕）你可以調低或調高音量，但『一棟』房舍……可以做到許多事……重要的是你放進去的東西。」[77]預設模式網絡可以極具生產力。事實證明，創意可能並非如我們大多數人被教導的、產生於大腦的右側，而是產生於預設模式網絡之中。創意人往往會提到這個空間的運作：創意的點子在他們醒來、散步、洗澡、做鬆餅時，或是在他們處於奧德爾所提及的「無所事事」的狀態時，會突然浮現於腦海之中。

當預設模式網絡活躍時，我們的靈感泉源會引導我們了解事情的全貌，並創造出新事物；即便是在睡覺時，大腦也會整理當天的新資訊並連結起舊記憶。

因此，漫遊的心智可以發揮相當的作用。這讓我們靈機一動，不期然地冒出創意的洞察見解與問題的解決方法。研究人員指出，我們每天至少會花一半的時間做白日夢、計畫或沉思。雖然具備了這些好處，但漫遊的心智確實會讓我們脫離當下。而敬畏就在當下。＊

為了感受敬畏，我們必須暫時放掉心智中漫遊的思緒——不論是創意的、解決問題的、令人分心的還是其他各式各樣的想法與念頭，並讓預設模式網絡平靜下來。集中專注力可以讓我們做到這一點，這就是為什麼正念練習如此普遍而必要。我們時不時都需要脫離猴子心智的喋喋不休（不論它在想什麼），短暫地歇息一下。必須安住於當下。

平息心智，或者更具體地說，使預設模式網絡安靜下來，是冥想練習的一個共同目標；同時，冥想也被證明可減少負面的自我對話與預設模式網絡的活動。但是，冥想需要努力練習，而我們有些人並不擅長此道。**使我們的心智得到自由的最快速方法，就是**

＊當預設模式網絡沒那麼活躍時，我們置身當下，但不必然會失去我們的創造力；當我們臻至敬畏的狀態時，會出現另一種截然不同、源自新穎觀點的創造力。

大A的專注力將心智從空轉的狀態（當預設模式網絡最為活躍之時）轉移至另一種參與的狀態。當我們專注於自己所珍視、欣賞或深感驚奇的事物上時，不再聽見腦海中到處漫遊的胡思亂想，這就是「等待」的價值。

## 在敬畏中，時間停駐

**,, 平凡事物的耐心**

——佩特．施奈德（Pat Schneider）

這是一種愛，不是嗎？
杯子如何盛住茶水，
椅子如何方正、結實地佇立，
地板如何容納鞋底
或腳趾。腳底怎麼知道
他們應該在哪裡？

我一直在思考平凡事物的耐心。
衣服如何
在衣櫥裡恭敬地等待，
肥皂如何在皂盤裡靜默地瀝乾。
毛巾吸收水分
從背部的皮膚上。
以及階梯令人愉快的重複。
還有什麼比窗戶更不吝分享？

佩特．施奈德，《另一條河：新詩集》（*Another River: New and Collected Poems*），阿默斯特作家與藝術家出版社（Amherst: Amherst Writers and Artists Press），二〇〇五年，一一一頁。

經佩特．施奈德遺產管理委員會（Estate of Pat Schneider）許可轉載。

我們相信，A．W．E．的「等待」階段，正是我們體驗到時間感發生改變的時候。

時間分為三類：過去、現在、未來。理解敬畏如何影響我們與時間的關係，關鍵即始於理解敬畏如何將我們帶入當下。當心智處於當下，身體會釋放出多巴胺，一種能改善心情、減輕焦慮，甚至發揮止痛作用的神經傳導物質。而多巴胺亦被證明能讓我們產生時間延展感，亦即，會感覺自己像是有了更多的時間。

在讓受試者服用多巴胺藥物（一種作用於釋放或活化多巴胺的藥物）的研究當中，他們在短短三十秒中卻覺得自己過了一分鐘，這是因為他們在每一秒中獲取了更多的資訊，從而感受到時間的擴展。[78]新奇的體驗會延展時間，讓我們感覺彷彿待在一個新地方，時間比自己以為得更久。敬畏邀請我們以一種新穎的方式體驗所專注的對象。

## A・W・E・時刻

回想上一次，你曾經行駛在一條從未行經的道路上，前往從未去過的地方。這段旅程可能特別漫長。相較之下，回程時走相同的道路，感覺上卻快得多了。去程旅途中的新鮮感，影響了你對時間的感知。

事實上，麥可特意運用A·W·E·是為了花更多時間來陪伴女兒。女兒在高中升上高年級時，他敏銳地意識到在不久的將來，她將不再是他日常生活的一部分了。她會搬出去上大學。麥可無法阻止這件事發生，也不想這麼做。相反地，他深刻意識到這段與女兒相處的時間極為珍貴，想延長這段時間：當他與女兒相處時，運用A·W·E·去改變他對時間的感知，使兩人相處的時光更多采多姿、更深刻持久：

身為一位正念導師，我很清楚，渴望事情變得截然不同是痛苦之源；執著眷戀過去、渴望時間停駐腳步、厭惡未來不可避免的改變，只會為自己製造出更多的痛苦。A·W·E·幫助我每一刻都能全心（專注）投入當下並充滿感激之情。

舉例來說，在參加女兒的水球比賽時，我讓自己全神貫注於其中，不被手機干擾，不去想這是她最後一個賽季的悲傷念頭，或是與其他家長無意識閒聊等。坐在看台上，我對女兒的成就、技巧、在水中美麗優雅的姿態，充滿了驚歎與敬畏之情。我捕捉並汲取了每一個時刻：泳池的波光粼粼、觀眾的熱情歡呼，以及陽光照射在皮膚上的感受。

於是，這些原本為時四十五分鐘、節奏快速的水球比賽，讓我感覺像是持續了數個小時之久，時間彷彿以蝸牛般的速度流逝。我不但與女兒共度了一段深遠且深刻的時光，同時，我的渴望與厭惡消失了；彷彿生命中的大部分時光都變成了一種靈性的修煉，不只是在坐墊上，更是在外面的世界，時時刻刻、瞬息之間。我深深感受到生活是多麼地不可思議，我們擁有和平、愛、社區共同體的恩賜，以及廣泛連結與成長的機會。

在A．W．E．的等待階段，我們只知道要專注於某些令自己深感驚異的事情上，不論是窗外的松鼠、伴侶的笑聲、萊姆調味的香氣，或是孩子在高中最後一次打水球。這就是我們所意識到的一切，不去思考，只保持著這樣的意識。當意識全神貫注於正在體會的事物上時，自然地呼吸，吸納入那樣的美；而當我們吸納汲取、浸淫其中時，生理上的能量也會逐漸累積。心跳速率極微地上升，接著我們等待——只是略微停頓——然後呼氣。

## 「等待」是一份禮物

你是否曾經感受過某人耐心、欣然、刻意等待你的感覺？把門開著等你通過？耐心等你把話說完？等你哭完才開口說話？你會覺得受到關注、認可，甚至深感榮幸。將這些感受，與某人做這些相同舉動時卻盯著手錶看的行為比較一下：他們的心思在不同的時空之中、關心著其他的人事物，你會覺得不受關注，或彷彿他們的舉動並不真誠。

等待是一份贈禮。當你願意等待某人、與他們共度時光時，你尊重了他們。這是一個與他人連結、讓你們在不期而遇的這一刻感到榮耀的絕佳機會。運用A・W・E・中的「等待」，你可以等待你自己，榮耀你與自己同在的體驗。等待是一份你可以隨時送給自己的贈禮。

帶著意向的等待，是全心投入當下的一個方法。置身當下有眾多恩賜。在《當下的力量》（*The Power of Now*）一書中，作者艾克哈特・托勒寫道：「一旦你能夠尊重當下，所有的不快樂與掙扎都會消散於無形，生活開始洋溢著喜悅與優閒。在你出於當下的意識而行動時，不論你做什麼，都充滿了質感、關懷以及愛——即便是最簡單的行動。」托勒所說來自當下、川流不息的喜悅與優閒，不是別的，正是敬畏。

當下會為敬畏情感創造出空間，敬畏情感又創造出當下。置身當下時，敬畏情感會油然而生。在那一刻，我們可以讓這個空間充滿新穎的奇思異想——那些從未想像過的可能性。現在，只差A·W·E·中的E了。

# 06

# E——呼氣與擴展（Exhale & Expand）：找到你的神經系統最有效的運作點

對有些人來說，A．W．E．方法最有力的一環就是呼氣。理由十分充分，深呼吸可以讓我們的神經系統從戰鬥—逃跑狀態轉換成休息與修復狀態。專注於深呼吸的冥想者，對此知之甚詳。

有益的呼氣，背後的生理機能是因為它會刺激迷走神經，而迷走神經又會反過來活化副交感神經。當深呼氣透過迷走神經來激活休息與修復狀態時，氧氣會從四肢（氧氣流往四肢是為了幫助我們給戰鬥—逃跑的行動提供動力）轉移至大腦。當我們感受到的壓力開始消退時，思考就會變得敏銳。呼氣具備了一種放鬆的效果。

這種效果可以透過所謂的多重迷走神經理論（ＰＶＴ）得到證實，該理論是檢視自主神經系統如何運作的一種細微方法，也是幫助我們精確找出敬畏情感在自主神經系統中何處生成的一種方式。

## 呼吸就對了

關於呼吸對健康的重要性，相關著作與論述不勝枚舉。當你透過鼻子吸氣與呼氣時，會產生用嘴巴吸氣與呼氣時截然不同的生理機能。同理，當你透過鼻子吸氣、嘴巴呼氣，或是透過嘴巴吸氣、鼻子呼氣時，也是如此。快或慢、長或短、淺或深。我們呼吸的方式，會影響我們是否打鼾、過敏、睡眠呼吸中止，甚至牙齒整齊的程度，以及我們的情緒狀態。這一切都棒極了，但我們希望你忘掉這一切。

在練習A·W·E·時，希望你像平常一樣呼吸，只是比正常呼氣略長一些，而且毋須想著你該如何呼吸。A·W·E·的關鍵就在於體驗完整呼吸週期的好處，同時專注於某件你所珍視的事物，你的練習會變得直接，毋須思考步驟，更不必去想你該如何呼吸。事實上，思考這些步驟只會讓你從敬畏情感中脫離。

## 多重迷走神經理論：自主神經系統的三種反應

雖然我們可以有意識地運用呼吸技巧來平靜神經系統，但根據定義，自主神經系統會無意識地自動運作；在我們受到驚嚇時，它會如實地強迫肺部呼吸、心臟跳動、全身輸送腎上腺素等所有生存必須的功能，而且最好毋須再做任何選擇。

大部分人在中學的生物課都學過，自主神經系統包括了兩個分支，交感神經系統（戰鬥—逃跑—僵住反應）以及副交感神經系統（休息與修復反應）。大腦會根據我們對周遭環境的感知方式（通常是無意識地）來激活這兩個系統，自主神經系統有效地為我們察看、審視環境，並解讀任何威脅的跡象或徵兆。

一九九四年以來，波格斯一直以多重迷走神經理論來挑戰這項公認真理的部分內容。該理論認為，副交感神經系統本身包括了兩個截然不同的分支：**腹側迷走神經系統**（ventral vagal system）**與背側迷走神經系統**（dorsal vagal system），兩者源自迷走神經的腹側（前）與背側（後）。藉由將此二者納入部分的副交感神經系統，我們能以更細緻的方式，理解並解讀若干行為與反應。

舉例來說，你是否曾經走進一個擠滿人群的房間，知道自己將受到歡迎、或是感覺自己不屬於這裡？這種能立即察覺房間氛圍的能力，是神經系統與生俱來的本能。神經系統扮演著一種內在保鑣的角色，讓我們知道什麼時候是安全的，並在不安全時提醒我們。如何回應這個擠滿人的房間，端視神經系統告訴我們什麼。波格斯解釋，自主神經系統的反應有其層次結構，讓我們得以做出如下選擇：社會參與（social engagement）、動員（mobilization），或是不動（immobilization）。

最理想的狀況是，我們產生了社會參與感。這種狀態是所有安全反應的源頭。當周遭的人張開雙臂、帶著微笑與真摯的熱情迎接我們，透過他們的言語、行動以及口吻語調傳達關懷之情，我們會感覺平靜、自在，得以極有效率地進行溝通。當我們的腹側迷走神經被激活時，社會參與才具可行性。

假設我們在某個場所認出一位跟我們有過衝突的老朋友，會預先考慮到發生衝突（一種不會帶來平靜與安全感的互動）的可能性，神經系統會告訴身體釋放諸如腎上腺素與皮質醇等荷爾蒙；要不了多久，我們就從社會參與轉為動員的狀態。這種狀態會激活交感神經系統，使我們感到焦慮，隨著生理狀態改變，緊繃的程度也逐漸上升。如果在動員狀態與那個人產生接觸，可能會氣憤地抬高音量，或是在最極端的狀況下拳腳相向，或跑出房間以避開緊繃情勢。動員狀態並非壞事，但如果表現出不甚適當的攻擊性，可能會惹上麻煩；而若運用得當，動員對我們幫助極大，舉例來說，提高生產力、盡情玩耍、設定界限，以及拒絕不合理的事。

如果情況失控、緊繃程度進一步加劇，動員狀態可能對我們不再有幫助。此時，會陷入一種無法動彈並且「僵住」的狀態，無法說話或移動。如果身體在生理上被壓垮了，比方說，血壓高達致命的水平，那麼神經系統就會激活背側迷走神經反應，可能會讓我們昏過去。這種反應只在我們察覺到極端威脅的跡象時才會發生，而且無法控制。

當人們察覺到威脅存在時，會因為種種原因而僵住，遭受言語攻擊或肉體離棄只是其中幾例。我們認識的一位麻醉醫師說，她看到某些病患在進行手術之前以這種方式關機——讓自己無法動彈。

## 解除僵住的狀態

當我們僵住時，終究還是得再次動員起來。可以藉由重新啟動身體（透過身體意識進行大腦連結）來做到這一點：擺動腦袋、移動眼睛、專注於感官。

鳥兒也會經歷類似的過程，牠們在撞到窗戶之後，會甩動身體。體驗敬畏情感

> 是另一個動員起來的方法。

波格斯的神經系統模式，清楚地解釋了為什麼我們有時會表現出這種行為舉止，也提供了一個框架，得以理解敬畏激活自主神經系統的獨特方式。**敬畏將我們帶入社會參與的狀態，一種以放鬆狀態為主，再加上若干來自交感神經系統的額外活力。**

在一段波格斯博士寫給傑克的電子郵件內容中，他如此描述：

> **敬畏會維持迷走神經所影響的鎮靜作用**，同時為交感神經系統提供「適當」的能量，並將交感神經系統「限制」於攻擊／焦慮／戰鬥／逃跑的動員防禦狀態之外。從假設的角度來說，與冥想的體驗比較起來，敬畏的體驗會讓你發現更多好玩的樂趣與自發性的社會參與。[79]

另一個思考神經系統反應的方法是威脅細胞激素與安全細胞激素（參見第二章）。當我們的身體產生安全細胞激素時，更可能以健康的方式進行社會參與；反之，當身體產生威脅細胞激素時，可能深具攻擊性、退縮或崩潰。敬畏是增加安全細胞激素的一個快速方式，幫助我們轉換至一個更容易與他人融洽相處、更健康的所在。

安全感與社會參與感也是置身當下的一種方式。當我們進展至A·W·E·的E階段，已經完全置身當下——感覺十足安全且毫無壓力。**深呼氣可以刺激腹側迷走神經，強化迷走神經張力**（第三章已得知，迷走神經張力對我們的健康助益極大！）**，並且充分激活身體的社會參與系統。**感覺安全與放鬆，更愈發樂於與他人建立連結。

在沒有任何迫在眉睫的威脅存在時，感覺安全的最快速方式就是進入當下；而敬畏，正是能達成該目標的方法之一。我們的祖先似乎已然想通了這一點。

## 冥思神經科學（Contemplative Neuroscience）

最近研究顯示，我們的祖先深知激活腹側迷走神經的好處，即便他們並未為其命名、亦未全然了解其功能。**事實證明，古老的吟誦、冥想、祈禱等做法，背後都有生理機能的支持。**

波格斯博士對古老儀式背後的生理學以及這些儀式所產生的迷走神經張力研究，催生出一門名為「冥思神經科學」的新學科。

舉例來說，吟誦可以激活喉嚨的腹側迷走神經，而且維持吟誦需要深長呼氣與腹部的深吸氣。大部分冥想練習都運用相同的呼吸模式，絕非偶然之舉；因為，這樣的模式有助於產生健康的迷走神經張力。至於祈禱呢？祈禱的姿勢（雙手在身前合十跪下）會影響頸部的壓力感受器，也就是身體的血壓感應器，有助於迷走神經調節血壓。

刺激迷走神經不僅對健康有助益，波格斯博士認為，受到迷走神經影響的神經網路能為我們帶來安寧與平靜的感受，並且「使得與同情、慈悲及整體連結有關的廣泛主觀體驗有可能發生。」[80] 聽起來有點像敬畏情感。

我們將A．W．E．方法放進了冥思神經科學的桶子裡。截至目前為止，尚有計畫在進行，旨在檢視A．W．E．可以如何被用來做為一項醫療介入方法，以幫助COVID-19的長期患者與心臟衰竭的病患。加州大學戴維斯分校（UC Davis）即將進行研究，在某些疾病的治療範疇中，若尚無明確有效的治療方式，A．W．E．方法可能發揮的功效。

有趣的是，強化迷走神經張力會產生骨牌效應，形成我們所稱的「三個C」。

## 三個C：共同調節（Coregulation）、緊密連結（Connection）以及連貫一致（Coherence）

健康的腹側迷走神經張力，不僅可以激勵我們與他人建立連結，更由於治療界所稱的共同調節作用，讓我們更有能力建立起連結。共同調節發生於一個人的神經系統為另一個人的神經系統所撫慰、鎮定之時。舉例來說，當一個人「失去理智」或是感覺不知所措、混亂困惑，就是處於所謂的失調（dysregulated）狀態；這時，倘若有某個溫暖、平靜、關心（特徵是特定的口吻語調、和善的臉部表情以及有助益的言語肯定）的人在場，就能舒緩並減輕其苦惱的情緒。這個神經系統焦躁不安的人逐漸「適應」另一個擁有良好神經系統的人，並與之產生調諧作用，結果就是所謂的「共同調節」。

我們可以把「共同調節」想成與某個需要的人一起分享健康的腹側迷走神經張力。治療師們都接受過與治療對象共同調節的訓練。心理治療領域中普遍認可的一個事實是，治療師與治療對象的關係品質，若非影響治療成效的最重要因素，也是其中之一。

我們都曾與某些擅長共同調節的人共處，他們在場讓我們感覺更加放鬆、更舒服自在。傑克受過共同調節方面的廣泛訓練，而且他可能天生就擅長於此。舉例來說，傑克有天走訪一位客戶的工作場所，並帶了一本書去送給他。傑克坐在會客室等待，直到客戶結束上一個會談。當這位客戶從辦公室走出來，看到傑克帶著微笑迎接他時，他說：「看到你坐在這裡，感覺就像在進行療程一樣，真好。」那一刻，他們倆人建立起連結，而共同調節更迅速發揮了作用。

**共同調節可以撫慰、平靜另一個人的神經系統**。以情感層面來說，隨著壓力與焦慮消散，此人會開始感覺更為正向。如果身體重新找回體內的平衡，就能進入連貫一致的狀態，亦即所有系統（思想、感受、能量、意向、行為）皆校準協調、密切合作。正如許多研究顯示，從這個觀點可看出共同調節有助於產生緊密連結，而正向的連結又開啟了通往連貫一致的大門，讓我們更幸福、更長壽。

以情感的角度而言，敬畏情感協調三個C的能力可說獨樹一幟。敬畏最非凡的特點之一，即在於它可以讓共同調節—緊密連結—連貫一致發生於我們與他人共處時，以及我們獨處時。當我們獨處時，敬畏情感的激發能讓我們與某種超越平凡自我的事物（或許是大自然、我們的高我〔higher self〕、上帝、宇宙，或是全人類）產生共同調節並與此「源頭」緊密連結，從而達到一種連貫一致的狀態，促進全面、整體性的健康與療癒。

## A・W・E・時刻

試著站起來，放鬆肩膀，讓身體擺放、安頓於一種輕鬆的姿勢中。雙眼或睜或閉皆可，然後想著你生命中的某人是你共同調節的來源，能幫助你放鬆。這個人或許已然離世。現在，回想以前這個人在的時候曾經幫助你平靜下來的美好時光，想像當時的場景、你們之間的對話（如果曾經有過），並回想這個人的存在讓你產生什麼樣的感受。這個人有什麼特質，讓你如此欣賞他、感謝他的存在？現在，吸入這份感激之情，讓這股能量盈滿你的身體；當你呼氣時，把意識放在脊椎，感受能量沿著脊椎往上並往外流動。有些人在能量擴展時會感到一陣寒顫或覺得刺痛。

A・W・E・方法並非可以達成這種獨特生理狀態的唯一方式，但它是我們所知的最快速、最直接的方式，可快速轉變成處於腹側迷走神經狀態，進而重新設定我們的神經系統。現在，準備好要擴展了。

## 擴展

真正的喜悅意味著立即的擴展。如果我們體驗到純粹的喜悅，我們的心也會隨即擴展，覺得自己翱翔於神聖的自由天際。整個世界皆為我們所有，非為我們所統治，而是為我們的意識所擴展。我們成了真實本體，我們即是浩瀚無垠。

——親穆儀大師（Sri Chinmoy），《喜悅之翼：找到通往內在平靜的道路》（*The Wings of Joy: Finding Your Path to Inner Peace*）

我們談到在「等待」的步驟中，吸氣累積能量。呼氣時，會釋放能量、刺激腹側迷走神經，並體驗到平靜感與安全感。當我們放鬆吸氣時，浮現出來的感知會發揮重要的作用——它們會擴展。

有些人會感覺到能量沿著脊椎往上流動，並且流出體外。這種能量的釋放有時會讓人感到一陣寒顫或是起雞皮疙瘩，其實，這正是之前受到限制的神經系統能量被釋放了出來。

呼氣與釋放可能會讓某些人產生片刻、瞬間的迷向。有時，這種轉變十分微妙，或可被描述為意識一時的「暫停」。這種轉變較為明顯時，會讓我們發出「哇，發生了什麼事?!」的讚歎。這一刻，不僅發生了生理上的轉變，還有心理；能量轉移了，神經系統得到休息，恢復意識後彷彿煥然一新、截然不同。這一切就是如此迅速而簡單。

疫情剛開始時，A·W·E·的練習對我幫助極大。我失去了控制感，世界在隔離期間變得十分狹窄，使我感覺孤立無援。A·W·E·方法幫助我產生平靜感，每當我練習它，就會更強烈地意識到周遭的世界，同時，對自己的完整感受也得到了擴展。這個方法為我帶來更廣闊的世界觀，得以跳脫對生活、世界、災難的狹隘關注。[81]

——珍妮佛

迷向時，我們無法框架或定義自己所體驗到的感受，沒有任何可以倚賴的預設想法；因此，會經歷認知調適。這就是傑森·席爾瓦所談到的：「我們誘發驚歎時刻的方法之一，就是暫時打亂自我、讓世界得以滲入。」[82]一剎那間，我們接收到新資訊、新觀點，透過敬畏的眼光所看到的世界，正在滲透進來。

在一場TED演講中，薩塞克斯大學（University of Sussex）神經科學家阿尼爾・賽斯（Anil Seth）針對如何調適新的觀點，提供了神經學上的解釋。雖然他說的並非敬畏，但以錄音所做的實驗本身，就是一個敬畏的時刻。

> 想像你是大腦，被鎖在頭蓋骨中，試圖搞清楚外面的世界所發生的事。你聽不見任何聲響，能運作的只有電脈衝流，而這些電子脈衝也只能與世界上的事物產生間接的關聯性，不論這些事物是什麼。因此，我們的感知功能，為了要搞清楚外面有什麼，必須消息靈通、明智臆測，大腦結合其感知訊號與先前對世界的預期或信念，形成對外面世界的最佳臆測……。[83]

為了說明感知的改變，賽斯博士以極快的速度播放了一段某人正在說話、但難以辨識的錄音；接著，播放慢速度的版本，讓人可以輕易辨識出說話的內容。之後，他再重播前一段高速錄音；令人驚異的是，這一次的錄音內容完全可以辨識。賽斯博士如此描述所發生的事：

進入大腦的感知資訊完全沒變，改變的只有你的大腦對這些資訊的最佳臆測，從而改變了聽到的內容……與其說感知主要依賴從外界進入大腦的訊號，不如說它亦同樣取決於反向流動的感知預測。我們不只是被動地感知世界，還主動創造出它；**我們所體驗的世界，不僅從外而內生成，更在相同程度上從內而外生成**。[84]

在《好奇的大腦》（*The Wondering Brain*）一書中，凱利．布爾克利（Kelly Bulkeley）這麼描述：

感受驚奇即是感受一種突然**偏離中心**（**decenter**）的自我。面對令人驚訝的新鮮事物以及意想不到的強大事物時，一個人對個人身分認同的正常感知會發生巨大轉變，從而帶來新的知識與理解，最終讓自我再度**回歸中心**（**recenter**）。這種偏離中心與回歸中心的過程所產生的深遠影響，在強烈難忘的經驗以及經常伴隨而來的強烈身體感知上顯而易見。

目瞪口呆、眼花撩亂、令人屏息、難以承受、消耗殆盡、驚訝錯愕——所有這些姿態都表示出一種超越尋常語言與思維的體驗模式，亦激發出探索、理解以及學習的渴望。名詞「驚奇」（wonder）就在此時轉變成動詞「想知道」（to wonder），強大的情感體驗刺激了強烈的好奇心以及尋求新知的行為，並提出批判性的質問：「這讓我想知道……」

我們在敬畏中深感驚異並且樂於接受新的觀點，隨之而來的偏離中心之自我，導致自我消融崩解、或是說小我。矛盾的是，隨著自我變得愈來愈小，我們的自我認同卻有了空間可以擴展。

## 不斷擴展的身分認同

雖然聽起來像是違反直覺，但擴展你的自我認同基本上等同於消融自我。我們寧可將其描述為擴展的過程，而非消融的過程，因為擴展支持了整合的概念。**我們並不是要擺脫自己的某些部分（自我），而是超越之前的自我意識，不斷地成長與擴展。**

發展心理學家愛利克．艾瑞克森（Erik Erikson）將身分認同定義為一項「在整個生命週期中持續發展的基本組織原則」。[85] 身分認同是一種心理構建、一種「我是」的內在經驗，適用於我們的生命角色、性別、人種、種族、地位、限制、能力、宗教、價值觀以及行為。身分認同是自傳式的，從記憶與期待（包括成就、失敗、家庭動力、重要關係、希望、抱負）之中建立起來，並被陳述為我們部分的故事：我的母親拋棄了我，這是為什麼我一生都無法擁有親密伴侶的原因，我害怕再次受傷。但這並無法斷定如果你被你的母親拋棄，你就無法擁有親密浪漫的伴侶關係。這種看法是一種詮釋，一種賦予親子之間人際意義的方式。**過於緊密地執著於我們用來建立身分認同的故事，可能會使我們深受局限**。身分認同大部分面向都極具彈性，如果我們願意，這些面向可以隨著時間的推移而改變。

身分認同的某些面向是固定不變的。我們可能是西班牙人、猶太人、亞洲人、移民、有肢體障礙或身體殘疾。描述可能不會變動、無可爭議，但對這些描述的想法與詮釋，可以改變與進化。隨著這些改變與進化，身分認同也會逐步進化。

生命前幾十年我們在形成身分認同，包括價值觀、決定自己要成為什麼樣的人、與什麼樣的人為友、思考自己的天賦與才能，以及能夠融入的歸屬；富於冒險精神、環保主義者、知識分子、靈性追尋者、獨行俠、樂於承擔風險的人等，這些都是行為、歸類、稱號以及信念之例，也可以成為身分認同的一部分。

在這個不斷改變的世界中，健康的身分認同會賦予穩定感、安全感以及持續感，對我們極有幫助。每天早上起床展開新的一天時，如果我們能夠清楚地意識到自己是誰，以及如何行事，將有助於平息焦慮感。

對身分認同的質疑可能導致焦慮感產生，因為我們認為自己是誰至關緊要。當我們感覺似乎有人在質疑我們的身分認同時，會變得焦慮不安，交感神經系統也隨之被啟動。舉例來說，如果有人指出我們的錯誤，或是不再喜歡我們、取笑我們，我們可能會動員起來並做出反應，宛如受到人身的威脅；我們會捍衛自己，做出爭論（戰鬥）、走開（逃跑）或無法動彈（僵住）的反應，但這些都沒有用，因為自己往往才是真正的焦慮感知的根源。與自己爭鬥、逃避自己，或是讓自己僵住不動，都沒有幫助。

恐懼與焦慮有所區別。恐懼是對特定的、立即的危險做出反應；焦慮則是根據對某些事的詮釋而預期會發生的事件所做出的反應。運用大腦中創造意義的前額葉皮質，焦慮可以藉由從上而下的方式來解決；透過練習，我們可以學習改變意義的方法，譬如使用A．W．E．方法，或是改變運用語言的方式（第八章中將進一步探討）。焦慮也可以藉由從下而上的方式解決，這涉及由意識到身體的感知與運動。

有趣的是，A．W．E．方法可以觸發從上而下以及從下而上兩種方式的好處，產生認知調適，讓我們得以改變原本賦予事件的意義，藉由刺激感官來讓我們超越言語表達的範疇。

無論是從上而下或是從下而上任一種方式，敬畏都是降低焦慮感（當我們感到自己的身分認同受到質疑時油然而生）的有效方法。第一步就是先認識到，對我們身分認同的威脅並非對我們的生存所構成的威脅。

當我們意識到身分認同是自行決定的，亦即我們選擇了定義自己的方式，那麼，就能對判斷與批評做出不那麼強烈的反應。當我們放鬆自己對身分認同的執著與一成不變的想法時，可能會感覺更海闊天空，彷彿從一套綁手綁腳、尺寸過小的服裝中掙脫了出來。掙脫出固有的束縛會讓人感覺如釋重負，也開啟了新的可能性。我們的身分認同開始出現孔洞、能被穿透，就像網眼，讓潛在的可能性得以滲入。腦海中會突然浮現出這樣的想法：我們並不符合某種刻板印象；我們可以去做某些超乎舒適圈範疇以外的事情，例如徒步攀登丹奈利峰（Denali）、畫一幅肖像、做一個香蕉奶油派，或只是在有人質疑我們的價值時，不去做出任何反應。

尼采曾說，凡是殺不死我們的，只會讓我們變得更強大。相信他說的正是身分認同。如果某項挑戰無法置我們於死地，它極可能會強化並擴展我們的身分認同。

這項討論有別於我們可能遭遇到的、對身分認同的威脅，這類威脅可能導致肢體暴力。舉例來說，因種族或性取向而衍生出的暴力行為。如果我們被認定為同性戀並且因此而遭受言語攻擊，那麼也極可能遭受身體威脅，此時戰鬥——逃跑反應自然會啟動。因為害羞或格格不入而被霸凌也是一例。過去曾遭受這類攻擊的經歷，對我們在這些事例中的反應至關重要。

反之，對身分認同的威脅反應過度的討論，通常是以不太可能導致暴力、但仍會在我們內心激發強烈防禦感的事件為重點。大部分時候，尤其是在與親近的人互動時，記住這一點：對身分認同的威脅並非對生存所構成的威脅，這會對我們很有幫助。

想過上充實、完整的生活，擴展我們的身分認同是有價值且必要的：**身分認同愈獲得擴展，我們就愈能認同他人並與他人連結**。舉例來說，當我們年輕時，可能無法對生病的人產生同理心，因為不知道何謂虛弱無力，無法對他們的經驗感同身受；同理，我們也不知道如何與那些經歷過失去至親至愛的人相處。但如果親身經歷過這些事件、或者對經歷過這些事件的某人深感同情，我們的身分認同就能獲得擴展；漸漸地，充滿孔洞、獲得擴展的身分認同使我們變得愈發獨特、複雜，而且深具韌性。

敬畏會創造出更多孔洞、更易於滲透的身分認同。在《模擬：全球啟蒙》

（*Simulation: Global Enlightenment*）節目的一場訪談中，作家麥可．波倫提到，當我們體驗敬畏情感時，預設模式網絡平靜下來，進而產生自我消融以及擴展身分認同的想法：

> 沒有時間感，你就不會有身分認同感……有趣的是，當預設模式網絡平息、靜默下來或出現在功能性磁振造影上時，也正是人們自述體驗到自我徹底消融的時候……當預設模式網絡的運作減弱時，所有以前不曾存在的新連結就會形成。當大腦暫時重新布建起新的連結，突然間你就擁有了許多新的連結線路，它們遽增、擴展蔓延，而我們卻對這些連結線路發生了什麼毫無頭緒。[86]

**敬畏是一種有助於重新接線的神經元潤滑劑，使我們更輕易地進入不同的意識狀態。**我們相信，現代大腦的首要任務是提升意識覺知並擴展身分認同；擴展是我們進化時間軸的軌跡，會發生在超越熟悉事物並樂於接受新的觀點與體驗時。這種擴展，由三個簡單步驟所觸發，進而產生生理與心理改變，這三個步驟即為專注、等待、呼氣與擴展。因此，A·W·E·可說是一扇通往深刻存在、寬廣、自在以及平靜的大門，一條通往超越的快速捷徑。

第三部

# A.W.E. 與正念的未來

07

# 正念到底是什麼？

克特納稱A．W．E．方法為「正念的未來」，因為如此簡短有效、可以隨時隨地進行，對那些沒有時間從事正規正念練習的人來說，深具吸引力。事實上，這個世界的人們很久以前即展開正念練習了，時至今日，時代已發生了巨大變化，而正念練習的方式也應隨之改變。

二十年前，當傑克的妻子漢娜參加禪修（正念的一種形式）活動時，她得閉關七天，每天冥想八小時；除非面見禪師（Rōshi）、回答公案（koan，禪宗話頭之類），其他時候都不能說話。這種極度嚴格的課程，旨在培養專注的紀律，使心智得以平靜下來。這些正規的課程神奇而驚人，有時甚至改變生命的體驗；但並非人人都能花時間去上，遑論每星期花幾個小時練習冥想。因此，練習冥想的人數始終有限。

如今，許多正念練習的架構不再那麼嚴謹了。人們利用手機上的應用程式將正念融入日常活動中，譬如保持覺知地洗碗盤、做園藝，或是散步。過去幾十年，有些最古老的正念練習已逐漸蛻變成極簡版，並被賦予世俗或甚至臨床名稱：正念減壓、靜觀自我悲憫（mindful self-compassion）、正念認知療法等。這都是正念進化的一部分。

這種從正規到非正規的轉變，使得現在更多人有時間練習正念。光是在美國，嘗試過冥想的人數比例，從二〇一二年到二〇一七年就躍升了百分之十，總數大約三千五百萬，包括成人與孩童。[87]

如果前述提及的禪修是位於正念練習範疇的正規端，那麼，A．W．E．就是落在相反的另一端，這個方法應該是正念練習中最不正式、最平易近人的一種。

## 正念源起於東方

正念是多種練習的一個概括用語，其中有許多源自於東方數千年前的印度教與佛教。冥想是正念的一種形式，其他形式還有瑜伽、太極（tai chi）、氣功（qigong）等；這些練習都需要一定程度的紀律、若干訓練，並投入相當的時間。要從這些正規練習中獲益，首先需要掌握技巧，進而遵守紀律。但是，保持正念也可以透過簡單的行為來做到，譬如全神貫注於你正在做的事情；或是透過略為複雜的方式練習，譬如學習蘇菲派（Sufi）舞蹈動作。

## 正念練習的類型

**專注練習（文字、想法、感覺、影像）**：超覺冥想、內觀（Vipassana，身體掃描〔body scanning〕）、祈禱、重複吟誦／持咒、曼陀羅（mandala）

**以動作為基礎**：瑜伽、太極、蘇菲派舞蹈

**培養正向情感（同情、寬恕、感恩、慈愛）**：佛教的慈心、自他交換法（tonglen）、心能商數學會訓練的感恩與同情

**空性練習**（emptying practice）：蒼穹冥想（big sky meditation）、歸心祈禱（centering prayer）

**世俗正念**（secular mindfulness）：不同的正念減壓練習，包括呼吸意識、身體掃描、物體冥想（object meditation）、步行冥想（walking meditation）、飲食冥想（eating meditation）、正念伸展（mindful stretching）

我們選擇進入更高意識狀態的方法不但關乎個人喜好，有時也深受文化影響。大部分人都會受到適合本身個性的方式所吸引，或許是藉由瑜伽來鍛鍊身體的力量，或是擅長於某種童年時學過的宗教或靈性的冥想練習，譬如太極。

方法並不重要。在舞台上才華洋溢、表演蘇菲旋轉舞的苦修僧跟坐在教堂靠背長椅上誦唸萬福瑪利亞的修女一樣，都能達到超越的境界。但如果我們非常笨拙、手腳不協調，一次只有幾分鐘能好好地坐著不動，那麼，不管是蘇菲旋轉舞或是玫瑰經（Rosary）都不可能帶領我們達到「最終目的」，或是通往我們希望體驗到的廣闊無垠之境。

**正念最簡單的定義，就是全心專注於當下並且接受它。**正如運用A‧W‧E‧方法中大A等級的專注力，我們可以藉由全神貫注於正在從事或是正在見證的事物，來做到這一點。抱持著開放與好奇的心態，我們能將日常生活的例行公事轉變成一種覺醒的體驗：譬如喝茶時，注意到杯子的感覺；啜一小口茶時，開始想知道這杯茶的溫度；如果茶水只是微溫，也不做任何評判，就是接受它。**全心沉浸於當下，我們只是這個經驗的見證者。以接受來取代評判，會讓心智平靜下來。**

當我們成為經驗的觀察者時，意識對於正在體驗的事物也會隨之增強。舉例來說，我們可能會聽見自己內在喋喋不休的猴子心智（屬於預設模式網絡的活動）正在批評那杯不冷不熱的茶，但是會保持覺知地觀察自己內心的評斷，並且放下這些思緒、屏除雜念，將注意力重新拉回來專注於當下。

正念為成千上萬人帶來不同程度的助益，包括提升覺察意識、增強活在當下的體悟，以及更平靜沉定的心態。正念還能為我們帶來強大深刻的理解，幫助我們與自身潛意識中隱藏的洞察，或是比我們自身更偉大的事物建立連結。只要有充分的練習，正念就能將我們提升至一種強化的意識狀態——我們將其稱為廣闊無垠之境。

### 異中存同

正念往往被視為一種靈性的修習，等同於敬畏及宗教。儘管靈性、敬畏以及宗教存在著相當程度的差異性，但它們都有一個共同點：都是工具，可以幫助我們與比自我更偉大的事物建立起連結，同時也可以與小我產生連結。

《敬畏覺醒》一書中集結了敬畏體驗者的訪談，而在對該書中提到的個人故事進行分析時，研究人員從中整理、擷取出十個主題，其中之一就是人們感覺自己彷彿置身於某種神聖事物的存在之中——「某種超然的存在。」[88]

在一場訪談中，作者柯克·施奈德提出了以下關於敬畏如何契合並成為一種靈性的修習：「敬畏感能掌握以下兩者間的動態張力關係：屬於凡人的脆弱自我，以及我們如神般的超然存在。在我看來，這似乎就是精髓所在——不論是創意、人的進化與成長，以及處於探索邊界等各方面來說，都是如此。」[89]

正念的一個主要目標是減輕痛苦，尤其是在我們不樂見的事情發生時（譬如離婚）；或是在預設模式網絡過度活躍而充斥著負面思緒時，可能會承受的心理層面苦惱。在《心福潛能》（*Neurodharma*）一書中，神經心理學家與正念專家瑞克·漢森（Rick Hanson）寫道：「自我意識使得人們受盡百般的痛苦與折磨，包括認為所有人事物都是針對自己而來、充滿防衛心以及強烈的占有欲。當自我意識減輕時，通常幸福感會提升，輕鬆自在與開放寬容的感受也會隨之而來。」正如安南・圖滇（Anam Thubten）如此形容：「**無我無煩惱**。」這裡所說的是前述提及的小我，或說消融的自我。而就如敬畏情感，正念的練習也可以與小我產生連結。

## 把正念帶入西方世界

對有些人來說，喬・卡巴金（Jon Kabat-Zinn）即為正念的同義詞。卡巴金是麻薩諸塞州大學醫學院（University of Massachusetts Medical School）的醫學教授，該校減壓診所與醫療、保健、社會正念中心創辦人，他在東方學習佛教禪宗，其後成為將禪宗世俗化版本帶入西方的首批先驅者之一，並將自己開發的這套非正規課程稱為「正念減壓課程」。一九七〇年代，他開始傳授這套課程，幫助人們減輕壓力、焦慮、憂鬱以及疼痛；這套為期八週的課程結合了不同的正念練習以及認知行為的觀察，至今仍於醫院與許多場所中被廣泛運用。

## 正念的挑戰

身為各種正念修習的導師與畢生的實踐者，我們深知這些練習的種種好處，包括減輕壓力、焦慮、憂鬱，改善壓力引發的狀況，例如腸躁症以及創傷後壓力症候群。這諸多好處都與A．W．E．方法所帶來的益處相同。

我們也同樣深知在今日忙碌的世界，某些正念練習的確有其局限之處：每天要花二十到三十分鐘冥想的壓力；讓自己置身當下所需的努力；錯過一次課程或與他人的練習做比較時，隨之浮現的自我審判與評斷。對許多人來說，由於傳統的正念與冥想難以為繼，正念的回報與好處無法完全實現。儘管這些練習能讓我們獲益良多，但只有少數實踐者能臻至超然之境，通常是那些自律甚嚴而且能夠長時間專注的人。麥可就是一個極好的例子。

麥可在參加醫學院入學考試時恐慌發作，為了在成為一名醫生的漫長旅程中保持心智健康，他決定致力於學習、練習正念。麥可第一次冥想靜修是為期十天的禁語內觀課程，他回想起這次靜修是多麼深具挑戰性，每天都要花上十五個小時練習冥想，不管是肉體或情感上皆是一項艱鉅的考驗，他的身體因為長時間久坐而疼痛不堪。禁語期間，他心智的喋喋不休只有愈來愈大聲。某些方面來說，冥想靜修比醫學院的學業成就與身體要求更具挑戰性。

此後，麥可憑藉著鍥而不捨的強大意志力，堅持不懈持續練習，包括參加一年數次的靜修以及每週定期活動的冥想團體。三十多歲時，靈岩冥想中心（Spirit Rock Meditation Center）的導師提名他成為教師，於是他開始進行為期兩年的培訓計畫。後來，麥可創辦並帶領一個跨宗教信仰的冥想小組，並對課程中數百名病患教授冥想，以治療他們的慢性疼痛。

儘管麥可已長久浸淫於冥想的世界，仍花了二十年時間練習冥想，才終於經歷第一次深刻的超越體驗——跟人們運用A．W．E．方法，往往在數秒鐘之中即可體驗到的廣闊無垠感如出一轍。

許多人發現，很難在一整天中保持正念或專注於當下、同時練習接受。他們可以一次練習一會兒，但是當手機收到訊息而噹噹作響、或是開始想到待辦事項清單時，練習就被打斷；在有機會體驗到更高意識層次所帶來的好處之前，注意力已經分散到別的地方了。

對某些人來說，包括聽覺異常敏銳的人以及憂鬱症患者，傳統冥想練習可能會帶來意想不到的結果，譬如內心的負面自我對話；而有創傷史的人亦可能因此經歷過去情境閃現（flashback）、壓力反應以及解離等症狀。90

涉及肢體運作的正念練習，譬如瑜伽、氣功、蘇菲旋轉舞，對某些生病或身體殘疾的人來說可能很困難，而靜坐冥想也可能讓人感覺不舒服。如果想到自己關節痠痛、腰痠背痛，一心只想知道結束的鈴聲何時才會響起，當然就很難專注於當下。

由於A·W·E·方法十分快速而簡單，使得它能夠避開這些問題。然而，還有許多方面使A·W·E·方法優於其他的正念練習。

## 短暫的重新設定：從終點開始

當我們對漢森談起A·W·E·方法，並請教他對於這項方法可以如何融入正念範疇的意見時，他侃侃而談。他總結A·W·E·「是一項可讓人們短暫地重新設定自己的介入方式」，並將A·W·E·描述為一項「深刻」的方法。

這股非凡的力量一直在我們的眼前唾手可得，每個人都能在幾秒鐘內重新設定我們的整體壓力化學反應以及我們的大腦，停止並脫離壓力沉重的緊縮狀態，確實去欣賞、感激周遭真實不虛的事物，讓我們得以安住其中，即便只有幾秒鐘時間，然後再煥然一新地返回，感覺自己更強壯、更清明、心胸更開闊、效益更高。

數千年來，人們總是敬畏地仰望星空、驚歎迎接子女的誕生、讚歎欣賞周遭事物的浩瀚無垠。如今，現代科學揭開了日常生活中敬畏所隱藏的力量，而我們比以往任何時候都更需要它，因為周遭有太多力量爭奪我們的注意力，感覺備受威脅、緊迫，「壓力沉重」到近乎捉襟見肘。

漢森認為A·W·E·與正念有若干共通點，但在某些細微之處又有所區別。

在進行這項極為簡單的A·W·E·練習時，最美好的一點是你可以獲得諸多額外的好處，包括當你在擴展對自身與周遭美好事物的欣賞與感念之際，同時可以增強正念；這是訓練正念一個很棒的方式。許多人發現傳統的正念練習與訓練無法激發相當程度的熱情與興趣，因此難以為繼。**把更多時間花在可喜的敬畏情感上來提升正念，不啻是強化心智穩定性的一個美好而強大的方法。**[91]

A・W・E・與正念的最初形式不同之處在於，這個方法並不鼓勵練習者保持中立，而是要求他們專注於某件自己所珍視、欣賞或深感驚奇的事物上。可以說，A・W・E・方法鼓勵我們從一開始就採行正面取向的看法。然而，或許有一點讓A・W・E・優於大部分的正念練習方法。走在個人成長或靈性道路上的人們，通常會期望「有一天」能體驗到更高層次的自在、愛、同情、慈悲以及接受；他們預期這種轉變會花上數月甚至數年的專注練習才能達成，就像麥可所經歷。但A・W・E・顛覆了這項觀念。運用A・W・E・方法，我們可以在此時此刻、馬上體驗到這些特性；**如此一來，這趟旅程不再是通往某個未來的目的地了，因為這個目的地就在此時此地的當下。**與其等待那個許多人得花上多年有紀律地練習冥想才能達到的旅程終點到來，我們可以從終點開始、從現在獲益。

在某種程度上來說，這是可能的，因為A・W・E・不是一種行為上的改變，它並未去對抗那些阻止人們改變生活的傳統因素，包括對失敗的恐懼、對成功的恐懼、因循苟且、時間匱乏，這個清單還可以延續下去。

在《原子習慣》（*Atomic Habits*）一書中，作者詹姆斯・克利爾（James Clear）認為，習慣需要提示（預測獎勵的訊息）、渴望（動機）、反應以及獎勵；他與其他專家幫助我們認識到，專注於以獎勵為主的行為改變，遠比依靠意志力更為有效。《渴求的心靈》（*The Craving Mind*）與《鬆綁你的焦慮習慣》（*Unwinding Anxiety*）作者賈德森．布魯爾（Juddson Brewer）醫學博士也開發出許多成功的正念課程，在治療成癮症時專注於內在的獎勵而非意志力。A．W．E．實現了克利爾與布魯爾所建議的做法，而且還提供了即時的獎勵。

A．W．E．可以在任何地方進行，即使是在擁擠的火車上、在雜貨店排隊等著結帳、或是去接孩子放學時在人群中等待的時刻。儘管他人可能會察覺到你能量的轉變、甚至感受到你的正能量，但周遭的人渾然不知你正在進行A．W．E．。

A．W．E．練習幫助我放慢腳步，從而改善我的生活。我熱愛A．W．E．的一點是，可以在其他人渾然不覺的情況下練習它。有那麼一刻，我覺得彷彿自己或是其他人正在飆速前進。我只需要將注意力集中於某個事物上，稍待片刻，然後深深呼氣。隨時隨地都可以進行的敬畏練習，不但能使我的神經系統平靜下來，也讓我的身體與生活更加輕鬆自在。

——珍妮佛

對於很難進行冥想或保持正念、以及時間不夠用的人來說，可能寧可選擇A·W·E·，因為這個方法讓人沒有時間分心或受到負面自我對話的干擾。舉例來說，一通電話也可以對敬畏感受造成干擾，如同對正念一樣；但是，我們往往可以迅速地重新專注於其上，就像因一時分心而失去專注力時一樣快速。同時，這樣的練習能產生累積的效應。練習A·W·E·愈頻繁，敬畏時刻就愈會自動自發地出現，彷彿我們不費吹灰之力就養成了一個自得其樂的新習慣。到了某個時候，我們會發現不需要邀請敬畏，它便會不請自來地出現，宛如一位極受歡迎的賓客。

**A·W·E·並非優於其他通往超越的方法，但對大多數人來說，它肯定是其中最快速、最簡單的，因為它是一種微劑量的練習。**我們發現，A·W·E·對冥想者與非冥想者來說，同樣深具吸引力，因為它所帶來的轉變發生得如此快速。

A·W·E·不僅是一條捷徑，更是經過臨床驗證的過程。我們花了數十年時間追隨冥想療法、參加冥想靜修，並教授正念課程，儘管可以做到每次練習都有片刻時間得以超越許多日常生活中的挫折，但從未經歷過現在所體驗到的超越水平，當然也從未在一瞬間之內即有所察覺。

我們鼓勵瑜伽、氣功以及其他學門的冥想者與從業者繼續他們喜愛的練習，同時可以嘗試進行一天至少三次的A·W·E·方法，甚至可以與A·W·E·的實踐團體或夥伴搭檔、一起分享敬畏時刻並深化敬畏體驗，這會帶來相當的樂趣。我們將在第十一章中論及這一點。

採行A·W·E·做為一種練習方式，將會改變生活的全貌。雖然其他正念練習也會帶來相同的效果，但運用A·W·E·練習可獲得類似、甚至更好的結果，因為我們鼓勵正面取向的狀態。以撞球的術語來說，A·W·E·用稍微偏離中心的球桿來擊打正念練習，因為傳統的正念練習在情緒層面上往往是保持著中立的狀態。

那麼現在，你可能會納悶的是：如果敬畏情感就存在於日常生活之中而且唾手可得，為什麼我們無法更頻繁地、自然而然地體驗它？部分原因是，有些人的交感神經系統經常性且非必要地過度運作；對這些人來說，敬畏情感無法油然而生。我們大多數人都缺乏足夠的安全感可以敞開心胸、擁抱敬畏。不過，這次我們有備而來，有一個方法可以解決這個問題。

# 08

# 史普尼克號如何啟動焦慮症的新療法

一九五七年十月四日，蘇聯發射史普尼克號（Sputnik），將全世界第一顆人造衛星送入了行星軌道，揭開了太空時代的序幕。在技術層面上，這顆衛星的速度為每小時一萬八千英里（約二萬八千九百多公里）、每九十六分鐘繞地球一圈。若以敬畏定義的最佳意義來說，這顆衛星顯然是令人敬畏的一個源頭；然而對美國人來說，它卻成了焦慮的根源：美國科學家與軍事領導人都知道，史普尼克號可以輕易定位攻擊目標並對美國發射核彈。

當時，蘇聯與美國已進入冷戰十多年，這場衝突與競爭涉及了軍備競賽、太空競賽以及截然對立的政治與意識形態。雙方都擁有核武以及製造更多核武的專業知識與技術。在美俄兩國人民眼中，輸掉冷戰的代價只有死路一條。

《生活》（*LIFE*）雜誌在一九五八年一月十三日的一篇專題〈公民在危機中提出想法〉（Citizens Give Ideas in Crisis）中，報導了一場集思廣益的會議，旨在提出對抗蘇聯科學進展的必要步驟。參與者包括各領域中最優秀、最聰穎的人才：包括亨利．季辛吉（Henry Kissinger），後來成了美國國務卿；保羅．尼采（Paul Nitze），後來擔任了美國國防部副部長；歐內斯特．奧蘭多．勞倫斯（Ernest O. Lawrence），核子科學家與諾貝爾物理學獎得主；西奧多．海斯伯神父（Father Theodore Hesburgh），聖母大學（University of Notre Dame）校長等。其中還有約翰．威爾（John Weir），一位知名度不高但備受敬重的博士級心理學家。

神父與心理學家為何要出席一場關於軍備競賽的會議？他們是去探討可降低國家整體焦慮感的方法。

當時，美國民眾已厭倦戰爭並憂心於共產主義的散播蔓延，而蘇聯發射史普尼克號之舉更使全美的焦慮程度遽增。參與會議的專家學者們針對解決方案進行了討論，也提出若干方案，包括為科學家、軍方以及高中數學與科學課程計畫提供資金。他們建議建造飛彈、放射性塵埃避難所以及民防通訊系統。倘若蘇聯發動攻擊，這類行動可以藉由讓國家做好更完善的準備並先行阻止攻擊，來減輕若干擔憂；然而，除了要求每個人在家中建造一個避難所並儲備不易腐壞的食物之外，還能做些什麼來緩解全國性的焦慮感呢？

據我們所知，這場會議並未為飽受焦慮困擾的美國人提供任何可直接派上用場的心理學解答，但它促使約翰．威爾與他的妻子喬伊絲發展出一種可以用來降低個人焦慮的方法，藉以平靜神經系統，並幫助人們產生安全感；該方法的重點圍繞著一個對我們每人來說都非常個人化的主題：我們的感知。

## 感知：我們怎麼可能都是對的？

傑出的物理學家約翰．惠勒（John Wheeler）創造出「黑洞」一詞，並在「曼哈頓計畫」（Manhattan Project，研發出第一顆原子彈的計畫代號）*中擔任了至關重要的

* 當愛因斯坦得知納粹已經有能力分裂鈾原子（能創造出足夠能量來為原子彈提供動能）並將這個消息告知美國總統富蘭克林．羅斯福（Franklin Roosevelt）示警後，沒多久曼哈頓計畫就啟動了；儘管許多人以為愛因斯坦與原子彈的發展有關，但其實他並不在參與曼哈頓計畫的科學家之列。一九四五年，當愛因斯坦得知日本廣島被投下原子彈時，據說他說了這句話：「我有禍了。」（Woe is me）（「曼哈頓計畫」，美國自然史博物館〔American Museum of Natural History〕，https://www.amnh.org/exhibitions/einstein/peace-and-war/the-manhattan-project）。

角色，其後又設計並發展出氫彈。他曾說，「觀察者並不獨立存在於被觀察的世界之外」（There is no out there out there），我們都是宇宙的觀察者，能建構起一相同願景著實是一個奇蹟。[93]

就像第四章中許多專家所說，惠勒也知道，我們並不真正了解自己以外的世界，而是基於我們如何賦予感知意義來創造這個世界、呈現我們的現實。在一篇關於惠勒的文章中，一位記者做出了以下結語：「對惠勒與其他人來說，我們不僅僅是宇宙舞台的旁觀者，更是生活在這個參與式宇宙中的塑造者與創造者。」[94]

同一位記者稱惠勒為「擁有物理學界最具冒險精神的心智之一」。正如惠勒所說，「如果你這一天沒有發現任何奇怪的事物，那麼就不算充實地度過這天。」[95]

約翰．威爾也擁有心理學界最具冒險精神的心智之一，他與喬伊絲認為，幫助人們克服焦慮的關鍵在於，提供他們更強烈的個人賦權感，或是說自我責任感。威爾夫妻透過他們發展出來的語言學模式來達到這個目標，該模式稱為「感知語言」（Perception Language, Percept）。

## 約翰・威爾與喬伊絲・威爾

約翰・威爾是一位心理學教授，也是與羅洛・梅（Rollo May）、卡爾・羅傑斯（Carl Rogers）以及亞伯拉罕・馬斯洛（Abraham Maslow）同時代的人，他們是一九六〇年代興起的人類潛能運動領導者，這項運動旨在幫助人們發揮充分而完整的潛能，在當時可說是最新穎、最尖端的主張。

喬伊絲年輕時跟著父母從澳洲移民到美國，後來成為一位專業藝術家，在好萊塢早期的卡通工作室擔任卡通動畫師（她繪製了貝蒂娃娃〔Betty Boop〕與大力水手〔Popeye〕）。她也是一位舞者，接受過運動與肢體表達的訓練，天生具備連結身體與心靈的才能。

「感知語言」徹底翻轉了我們的一般性說法。它的目標在於傳達：**我們談論的是對於這個世界的感知，而不是這個世界**。其根據的想法是，任何一個人對某個事件的感知，必然不同於另一個人對同一事件的感知；因此，在溝通某件事時，如果以為雙方都有相同的感知，往往會導致困惑、衝突以及焦慮。這項語言學模式不但賦予我們力量，同時還可降低困惑、衝突以及焦慮。威爾夫婦發展出「感知語言」以解決一個無可避免的事實，亦即「觀察者並不獨立存在於被觀察的世界之外」。正如惠勒的認知，我們皆能建構起一個類似版本的現實，著實是一個奇蹟：我們都能將巴士識別為巴士、將雲識別為雲、將門把識別為門把；每個人都主觀地詮釋這個世界，但在談及人事物時，卻彷彿我們的詮釋是客觀的——彷彿這是唯一的觀點。當主觀詮釋各有不同，也就是我們擁有不同的觀點時，怎麼可能都是對的？

在應用這個模式時，威爾夫婦屏棄了一些歷史悠久的觀點，包括刺激—反應模式，而這個模式過去曾是（現在也仍是）心理學的基石。

## 刺激與反應之間的間隔

二〇〇四年，作家史蒂芬．柯維（Stephen Covey）在一篇前言[96]中寫道：「一九六九年，我從任教的大學申請了七年一次的公休假，打算利用這段時間來寫書。有天，我在夏威夷一所大學圖書館的書庫中間逛，拉出一本書，打開它，並讀了三行句子，卻如實地改變了我的生命。這是我的作品《與成功有約：高效能人士的七個習慣》（*The 7 Habits of Highly Effective People*）的根基。這三行句子是：

刺激與反應之間有一個間隔。
在這個間隔中，你有自由與力量去選擇你的反應。
而這些反應，決定了你的成長與幸福。*

柯維「書籍占卜」的隨意選讀方式（以及敬畏時刻），催生出一本暢銷書與一個商業帝國。這一切重點皆圍繞著心理學的一個基本原則：刺激與反應之間的間隔。心理學的學派眾說紛紜，但幾乎全都接受了這一觀點：外在的世界會影響我們。某個人或某件事（一個刺激）對我們做了些什麼，而我們對此產生反應。有人告訴我們，我們錯了，於是我們心生防衛；有人跟我們的另一半調情，於是我們妒火中燒；一輛車

* 柯維所引用的這句話，經常被認為是出自維克多・弗蘭克（Viktor Frankl）；但根據維克多・弗蘭克機構（Viktor Frankl Institut）所言，「這句引言真正的原始出處有點複雜。」史蒂芬・柯維本人在被問到時，說他不記得那天從書架上取下的那本書書名為何，也不記得作者是誰。（〈可疑的引言〉（Alleged Quote），維克多・弗蘭克機構，https://www.univie.ac.at/logotherapy/quote_stimulus.html）。

子超了我們的車，於是我們開始抓狂；有人打斷了我們，於是我們氣沖沖地回嘴頂撞。

心理學領域的領導者將我們的反應歸因於多種源頭：無意識（佛洛伊德）、習得行為（B．F．史金納）、發展層次（馬斯洛）或扭曲思維（貝克）。大部分心理模式的共同目標是幫助人們對事件（刺激）形成更好的反應。我們被鼓勵去探索無意識以及童年、處理我們的感受、重新檢視我們的信仰、學習新的行為、學習自我安撫、檢視人際關係模式、藉由增強自我力量與發展層次來賦予自己新的力量，以及改變扭曲思維。

正如第二章所討論，就連生理機能也被認為是根據刺激與反應而運作。當我們的身體暴露於某種外來異物中時，免疫系統會做出反應。身為有機體，周遭社會環境不斷對我們施加刺激，我們一直做出反應；有時是有意識的，但大部分時候都是無意識的。

威爾夫婦認知到刺激—反應模式的局限性。首先，這個模式會導致有些人不必要地進入一種自認是受害者的心態，亦即感覺那些刺激彷彿正在對他們施加作用，從而可能剝奪了他們的力量。其次，大部分治療都是在人們已經坐著進行治療並回憶所發生的事情時，去解決他們事後的行為與看法。再者，以這種模式為基礎的治療可能沒完沒了、永無止境。日復一日的刺激如連珠炮般源源不絕，人們只得一直嘗試找到更好的方法來對付並回應這個世界，最終只會感覺被壓垮了或是疲憊不堪。參與這類的治療可能會讓人覺得精疲力竭。

威爾夫妻將焦點從找出回應刺激的更佳方法，轉向思考人們如何在刺激發生的當下（在刺激與反應的間隔中）賦予其意義，目標是幫助人們認識以下兩個要點：

1、我們是基於自己的心態、無意識的偏見、以往經驗的記憶去理解刺激的意義，從而形成主觀的詮釋或感知。

2、我們可以藉由改變自己的詮釋或感知方式，來改變它們的意義。

創造意義的主要方式是透過語言，威爾夫婦明白這一點：如果可以改變自己談論某件事物的方式，也就是用言語表達它時，我們充分理解及承認，其實只是在表達對於刺激的感知；那麼，就能變得更有彈性、渴望探究，也不再執著於自己是對的而別人是錯的。

感知語言涉及了某些新穎的概念與初期某些笨拙的語法，它要求說話的人放慢速度、專注於當下，並在他們的信念、需求、願望、價值觀以及經驗與別人不同時，激發自己的好奇心，而非衝突不和。感知語言被預設的作用是，要求對自己的思考、感受以及行事方式負責，從而賦予自己力量並創造出一種安全感；然而，感知語言所發揮的作用遠不止於此。

藉著要求自己花上比平常更長一點的時間專注於當下與內省，感知語言拉長了刺激與反應之間的間隔，並給予更多柯維認為極為鼓舞人心的一件事——選擇。我們對刺激的反應，經過了更慎重的深思熟慮，而非不加思索的被動反應，因此，往往能做出更好的選擇。

## 感知語言

感知語言就像敬畏一樣新穎，需要經過認知調適，也就是以一種截然不同的方式來看待並理解我們自己與這個世界。以下即為若干感知語言的重點，皆十分容易掌握：

- 盡可能多談論當下發生的事
- 拿掉所有對話中的責難與讚美之詞
- 理解我們自己才是我們感受的源頭

聽起來有點不尋常，也確實如此。然而，那些學習並使用感知語言的人往往將他們的生活區分為「使用感知語言之前與之後」，這種模式為他們的人際關係以及看待世界的方式創造出一個轉捩點，部分原因是由於，它減輕了大量的焦慮感。最後（從隱喻的意義上來說），感知語言可以幫助人們將自己的神經系統與他人的神經系統分開，亦即擺脫他人的影響，尤其是周遭有人深感焦慮、沮喪或批評他們時。

讓對話保持在當下。無數靈性導師談到置身當下，但並未提供如何做到這一點的務實方法。威爾夫婦說，如果你想在與他人互動時專注於當下，就談論現在正在發生的事、現在你需要什麼、現在你想要什麼，或者是現在你可以為某人做些什麼；換句話說，爭論你是否說過你會在六點以前回到家（這是你記得的內容）、而對方記得的卻是截然不同的內容時，這樣的對話不但沒有意義，而且毫無成效。

問題是，如果我們並未在「我應該回家的時間是幾點」達成共識，現在（在這當下）能做些什麼？這個想法才能讓對話變得富有成效，並且打破人們為誰對誰錯而爭吵的循環。無論是誰在何時說了什麼，只有當下，才是我們能做出改變的時刻。

拿掉責難與讚美之詞。如果你拿掉言語中的責難之詞，你的焦慮程度將會大幅降低。因此，**我們的焦慮感大多源自於自身的情感投射**，以為他人都在批評或論斷我們。

當我責怪你時，你可能會感覺受到威脅；當我責怪你時，我是在告訴你關於你的事情，而不是關於我的經驗。然而在使用感知語言時，說話者會告訴你關於他們的經驗，減輕傾聽者心生防衛的傾向。舉例來說，與其告訴一個人：「因為你沒有送我生日禮物，你毀了我的這一天。」不如用感知語言這麼說：「我對自己很失望，因為我沒有收到你送的生日禮物。」

同時，感知語言也拿掉了讚美之詞，因為當我在讚美你時，就彷彿是我可以控制你的神經系統：如果我的讚美成了讓你自我感覺良好的源頭，那麼我就可以停止讚美你並奪走你良好的感覺。

與其讚美：「你太棒了，你真是一位才華洋溢的作家。」感知語言會用感謝（appreciate）這個詞。「我感謝我的生命中有你。」「我感謝自己在讀你的詩作時深受感動。」「我感謝你在跟朋友玩遊戲之前先做完你的功課。」

理解我們自己才是感受的源頭。這段感知語言是基於：我們的感受來自自己，而非他人，要對自己的情感生活負責。但是，我們往往傾向於說出諸如「你讓我很生氣」之類的話語；將自己的感受歸咎於他人，這意味著，如果要讓情緒平靜下來，就得要求對方停止讓我們生氣的舉動。這種情況也會發生在治療的情境下。舉例來說，治療師最常詢問治療對象的一個問題是：「那件事／他／她讓你有什麼感覺？」這不啻強化了這樣的觀念，亦即，外在事件或他人導致我們產生了這樣的感受。

藉由改變語言，挑戰加害者—受害者模式，情況不再是你讓我有這樣的感受。踏出這個模式，我對自己有了更大的掌控度以及責任感。舉例來說，「當你下班回家很晚時，我感到非常沮喪」變成「當你下班回家很晚時，我讓自己感到沮喪」；「當你不打電話時，你讓我覺得自己並不重要」變成「當你不打電話時，我讓自己覺得自己並不重要」；「你的語氣很嚇人」變成「我用你的語氣來嚇我自己」。有關感知語言的更多例句，請造訪下列網站：ThePowerOfAwe.com。

## A·W·E·時刻

想想某個困擾你的情況：或許是你與所愛之人之間持續不斷的挫折感源頭，或是某件一直讓你沒有安全感的事。現在，試著用感知語言來談論它，然後看看你的感受是否截然不同；你可以對某人大聲說出這些語句、或是對自己說。你是否覺得感知語言賦予你更強大的力量？它是否改變了你處理某些情況的方式？

**金潔（Ginger）向傑克與漢娜學習並研究感知語言，她描述這項語言的價值如下：**

我生命中最重要、最恆久的轉變之一，就發生在我的感知語言開始變得「流暢」時。在前幾次與傑克的輔導療程中，他向我介紹了感知語言的概念，於是我開始在療程中融入並運用它。我開始清楚意識到，對於我的生命以及在人際關係中所扮演的角色，我的看法是扭曲、痛苦以及片面的。我將自己視為受害者，同時將焦慮不安與深深的孤獨感歸咎於他人。

出於自己的選擇，我與三名家庭成員保持著疏離的關係，除了讓自己妥協、屈就於原來不健康的相處方式，我別無他法。我對兒子以及自己無能成為好母親的罪惡感，讓我不僅無法原諒自己、亦不可能被矯正。過去殘破的記憶與痛苦，讓我感覺難以逾越且無法擺脫。

過去，我曾經嘗試「修復」人際關係，但解決方式需要他們三人都同意我的看法，亦即我是受虐者，因此我無法完全對自己做為姊妹、表親以及母親的行為負責。直到開始使用感知語言，我不再顧慮過去，開始為自己的所有作為負起責任。

改變我的言談方式也改變了我的思維方式。與「不加以責難與讚美」的原則相結合，這幫我認識到，是我寫出了自己的故事，我可以改變的不僅是自己當下的態度與行為，還有自己過去思考的方式。我用這種新語言賦予自己力量，出自正直與誠信地承認自己的錯誤並認同他人，尤其是那三個人。

做為成年人，我和那三個人相處的方式與我受虐的童年無關。當我還是個孩子時所發生的事，並不能當成我忌妒、屈從、漫不經心的有效藉口。

當我與弟弟重新聯繫上時，我已六十二歲——一個成熟、善良、充滿愛的成年人。我們擁抱在一起的那一刻，所有的憎恨與猜忌，都在重聚的幸福中消融殆盡了。

如今，我得以告訴我的表親，當我還是個年輕女孩時，他的不當行為如何讓我深受傷害與困惑；同時，我明確表示不會再容忍他的虐待行為，想結束我們的聯繫。

當我坦然向兒子道歉並擔負起自己的疏忽與傷害行為之責，他原諒了我，同時接納我成為他的家人以及成為他孩子們的祖母。

與家人的每一次對話中，我改變自己與他們相處的方式。現在，與弟弟及兒子相處的，是一個誠實、正直、充滿愛與喜悅的女人；而不再是一個內疚或滿懷忿恨的人。我很清楚自己是誰並活在自己的價值觀之下，他們看到了這一點，也尊重我。過去，我的言行不一，我可能會說抱歉、然後繼續做出同樣糟糕的行為。

我也改變了與自己相處的方式。腦海中的自我對話以及與他人的對話，不再只關注於問題與匱乏。感知語言與A‧W‧E‧練習改變了我在生活中追尋的事物，過去我只看到痛苦、掙扎以及衝突，現在我找到了喜悅、可能性以及連結。

微劑量的敬畏練習是我每天堅持不懈的一件事，而立竿見影、極富成效的回報則改變了我的生活方式。感知語言改變了我的思維與溝通方式，我體驗到自由與喜悅是無價的。[97]

我們經常表現得彷彿是他人在操縱著自己的神經系統，切斷那條紐帶就可以消除人際動態中的巨大威脅。處於感知語言的接收端時，我們較不可能感覺受到威脅、或彷彿我們被指控做了某件事。有機會思考發生在我們身上的事情之前，自主神經系統不會動員。相反地，我們會體驗到腹側迷走神經系統所產生的鎮靜作用。從這裡開始，我們更能冷靜應對、清晰思考、停下來考慮如何理解刺激，甚至為我們所遇到的問題想出解決方案。與夥伴之間長期存在的某項爭執，可以在幾分鐘內藉由調和感知的方式獲得解決，這樣的想法著實強大。

處於感知語言的發送端時（當我們是說話者時），我們會放慢速度、更專注於當下，並且有意識地進行溝通。**我們不再責怪他人，也不再讓自己受害；我們不再擔憂他人對我們的看法，也更能表現出真正的自己。**當我們對自己如何理解所經歷的任何經驗負起完全的責任時，也賦予了自己力量。內疚與悔恨減輕的同時，接受與自重也隨之提升。當對話雙方都使用這個模式時，傾聽並理解對方就會變得容易多了；即便只有一個人使用感知語言。生活也會變得輕鬆多了。

## 激進工具時代的到來

感知語言從未成為大受歡迎、廣泛採用的溝通模式，但它持續提供人們大有可為的希望與前景。二〇〇六年的一篇文章，以「大變革」來形容威爾夫婦的成果：「自一九六〇年代迄今，沒有任何有關人類發展的理論實踐家，曾經創造出如威爾夫婦的認知語言般激進而強大的工具，得以賦予個人可信賴性、問責性以及自我賦權。此外……沒有任何理論實踐家如同威爾夫婦，將個人對自身發展的責任如此堅定地置於個人成長的核心之中。」[98]

## 從感知語言到敬畏

藉著消除互動之中的威脅，感知語言幫助我們產生安全感與社會參與度。為了練習A．W．E．，我們的確需要某種程度的安全感；舉例來說，我們不可能在被老虎追趕時練習，因為大腦正忙著竭盡全力地讓我們存活下去。順帶一提，「老虎」隱喻著某種讓人極端驚懼的情況，無論那對一個人來說代表了什麼。

消除對話中的威脅語氣，對於阻止戰鬥—逃跑系統的啟動、並讓我們產生足夠的安全感來體驗敬畏，至關重要。此外，藉由提升社會參與度、好奇心、樂於接受不同觀點，敬畏甚至能幫助我們解決長期存在、由來已久的衝突。

傑克的一位客戶華特（Walt）即運用了感知語言，帶著好奇心去因應事件，同時深入感受敬畏。

> 激發我生活中的敬畏情感，對於重新定位我對自身的態度以及發生的故事，至關重要，它可以深化我對周遭環境與人際連結的意識。當那樣的深化發生時，我體驗到更強烈的敬畏情感。藉由反轉刺激—反應模式，感知語言有助於養成問責性。擁有更強的能動性（在處境中、人際關係中以及自己內在）有助於為幾乎所有事物創造出更豐富的欣賞空間：欣賞開闊的視野、感受牽手的溫暖、傾聽蜂鳥振翅的聲響或是沉浸於靜默無聲之中。這一切都讓我深感敬畏。”

威爾夫婦花了四十年不斷改進、完善他們的模式，並在團體治療靜修課程中教授這項模式。他們大部分的研究都在緬因州貝瑟爾（Bethel）的國家培訓實驗室中完成，人力資源專業人員與企業主管會參與這些「實驗室」或實驗場所，旨在培養出更佳的領導能力與溝通技巧。不過，威爾夫婦也會開著他們二十四英尺（約七‧三二公尺）長的溫尼貝戈旅行房車（Winnebago）走遍全國各地，為有興趣體驗團體治療的人們舉辦小型靜修活動。他們的團體治療與會心團體引領了人本主義心理學（humanistic psychology）運動的風潮之先。

另一位知名的心理學家卡爾‧羅傑斯盛讚這類早期的團體是「本世紀傳播最快速的社會發明，亦可能是最具影響力的一項」。羅傑斯說明：

> 我相信它是一種對某件事物的渴望，因為這個人無法在他的工作環境、他的教堂中找到這件事物，肯定在學校或學院中也找不到；可悲的是，甚至在現代家庭生活中亦缺乏。這是對親密而真實關係的渴望，因為在這樣的關係中，感受與情感可以自然而然地被表達出來，毋須先經仔細審視或壓抑；深刻的經驗可以被分享，無論是失望或喜悅；新的行為方式被容許去嘗試、去冒險。換句話說，他進入了一切都是已知且被接受的狀態，從而促成了進一步成長的可能性。100

## 巴利語（Pali）：一種動詞的語言

雖然在威爾夫婦提出感知語言時，顯得十分獨特，但它至少有一個先例。佛陀在世時所說的巴利語，是一種「動詞」語言，讓一個人停留在一種運動的過程中、而非固定或緊握住一種靜態或永久的狀態不放，它帶來不斷開展的自我意識。一切都在運動中，一直在進化、展開中。

諸行無常是佛教的基本前提。舉例來說，佛教的修行目標涅槃（nirvana）不是名詞而是動詞；「涅槃」我們自己：（主動地）斷除貪、瞋、痴之火，而不是達到固定不動的涅槃狀態。**與其說佛陀在尋找一條通往證悟（靜止的狀態）的道路，祂可能會說，自己是在尋找一條讓我們開悟的道路，一種主動、持續的過程。**

或許是因為這種「動詞」語言如此不同，以致多不勝數的佛陀弟子果真開始意識到「自我」是一種過程，取決於一個人對諸法生滅的詮釋與反應。

## 打破玻璃天花板

一九九八年，威爾夫婦第一次見到傑克與漢娜夫婦，傑克夫婦於是跟隨威爾夫婦學習了六年，最後成為威爾夫婦研究成果的管理者。這改變了傑克私人執業時協助客戶的方式。正如約翰與喬伊絲所做，傑克與漢娜也開始提供對個人成長感興趣的人們為期一週的實驗室（靜修所）。他們看到的結果與威爾夫婦類似：參與者感受到被賦予力量，焦慮感減輕，人際關係也獲得了改善。

過了大約十年，傑克與漢娜注意到一個模式：感知語言雖然能在使用時發揮作用，但許多人往往會回復到他們原本的防禦生理機能。為了幫助人們打破並擺脫這樣的模式，傑克夫婦發展出一個新的模式，稱為「意識的三個層次」（Three Levels of Consciousness, 3LC）。

威爾夫婦幫助人們將注意力轉移到刺激—反應模式的初期階段，讓他們學會注意自己如何在當下賦予刺激意義，並明白可以選擇詮釋當下發生的一切。而傑克夫婦以「意識的三個層次」模式，提出更進一步的建議：如果人們在刺激產生之前，即選擇並練習處於一種更機敏、靈活的心態，就能做出適當的回應而非被動的反應。

那麼，什麼是意識的三個層次？我們又該如何選擇最合適的層次？

# 09

# 意識的三個層次

你是否曾感到疑惑，為什麼某一天你會被激怒、朝那個超你車的人比中指；而另一天你只是踩了煞車、然後揚長而去，彷彿什麼事也沒發生？相同的事件會在不同的時間引發不同的反應，因為你處於不同的意識層次。

A．W．E．會將我們帶往更高的意識層次，但這到底意味著什麼？意識不是某種抽象的概念，而是我們的心態，亦即在任何特定時刻的想法與感受。我們將為你介紹一個專注於三個層次的模式，**亦即意識的三層次：安全（Safety）、心靈（Heart）與廣闊無垠（Spacious）**。

此模式指出，我們所處的意識狀態往往會影響自己如何感知某種情境、看到所擁有的選擇，以及所作所為。換句話說，它會影響一切。

十多年前，傑克與漢娜發展出三個意識層次

的模式，旨在幫助客戶改善其回應外在環境（或刺激）的方式。那些處於擔憂、不斷呈現自身問題的人，傑克會幫助他們轉換意識層次，持續不斷產生新的觀點與選擇，賦予他們擁有（隨心所欲地）轉換意識層次的能力與力量。傑克的方法是一種對老問題的新反應：讓人們改變無用的反應，並且是在擺脫無止境自我反思與內省的情況下這麼做。

三個意識層次的模式被證明是遊戲規則的顛覆者。**我們毋須去解決存在某個意識層次上的眾多問題，因為轉移到另一個意識層次時，這些問題就消失了。**延宕了數週的一項專案，變得異常容易啟動；與伴侶之間長期爭論的語氣產生了變化，以致對話與結果跟過去截然不同。我們不再那麼擔心別人對我們的看法。**轉移到另一個意識層次並不會消除所有的問題，但會讓我們產生新的觀點與視角。**問題不再那麼惱人而繁重、離我們遙遠了些，而自己有了更多的選擇。

## 朝向賦權的微妙轉變

貧窮、虐待、忽視、社會不公、某些身體與情感的挑戰，這些嚴重的問題似乎無法被改善。意識的轉變或許無法解決這類問題，但它是一種個人賦權之舉，能創造出移動能量；當人們陷入困境時，移動極有幫助。A·W·E·方法是創造移動能量的一個簡單方法。

大多數人都不知道自己在特定時刻是處於哪一個意識層次，我們怎麼會知道呢？人們問候我們好不好，而不是問我們處於哪一個意識層次上。此模式有點類似一幅正念的路線圖，一個標有「你在這裡」的紅色大箭頭指向我們所在的位置，另一個箭頭讓我們知道，在考量當前的整體情況下可能會想採取的方向。

學習考量意識層次甚至能補足或加速針對憂鬱與焦慮等病症的傳統療法，而且，它徹底改變了伴侶療法（couple's therapy）的過程。反過來說，在錯誤的時間或過長時間處於「錯誤」的層次，可能會讓人精疲力竭，並且導致慢性焦慮、疲勞、憂鬱；對夫妻來說，還會缺乏親密感。

本章將說明如何輕易識別你的意識層次，並且提供你從一個層次轉移到另一個層次的工具（包括A·W·E·）；我們會讓你知道，如何打破那片阻礙我們許多人充分發揮能力以追求喜悅、連結、內在平靜的玻璃天花板。

## 意識的三個層次

首先，我們會描述意識的每一個層次，亦即安全、心靈、廣闊無垠，讓你得以自信地回答一個看似深奧難解的問題：你的意識層次是什麼？我們從安全開始，因為大部分時間都花在這個意識層次上。

## 安全意識

安全意識是大多數人每天早上醒來時的狀態，或許我們會預想今天必須完成或面對的冗長任務清單。當感受恐懼、焦慮、壓力，即顯示需要採取行動，有些事情不對勁了；又或者面臨某種威脅時，也會進入安全意識。每天都有許多事件使我們進入安全意識：接到一通令人不安的電話、收到一封透支通知的郵件，或是得於迫在眉睫的最後期限前完成任務。

有時，我們並不覺得能控制自己是否處於安全意識當中，因為這是由大腦中的杏仁核所驅動；當感覺受到威脅時，這個屬於大腦中較為原始的部位會劫持我們的意識，然而大部分時候，我們擁有比自己以為的更多控制權。

安全意識可被分成三個等級：報償、困境、威脅（參見上頁「意識的三個層次」簡圖）。有些人認為「安全—報償」是「好的壓力」。我們因照料業務、學習技能或社交需要而精力充沛，所以，安全可以是一個具備高度生產力的狀態，這正是多重迷走神經理論（參見第六章）所稱的動員、利社會，甚至充滿樂趣。或許我們正在學習一齣社區戲劇的新劇本、準備第一次的約會或試鏡，或是興奮於見到以前從未見過的人。

對許多人來說，「安全—困境」是一種較不受歡迎但很典型的意識狀態。此時，生命並無致命危險，但面對離婚、工作問題，或是擔憂健康（所有我們解讀為問題的事件），則可能感覺陷入了困境，並呈現出矛盾、不確定、困惑，以及不同程度的憂鬱或焦慮等症狀。

接著是「安全—威脅」。大多數人將其視為戰鬥—逃跑—僵住反應。我們察覺到自己處於肉體生命遭受威脅的狀況，為了拯救自己，出於本能地做出了戰鬥、逃跑或是僵住的反應。

不論處於哪一種程度，安全意識的最終目的都是為了確保我們的安全。具生產力（報償）可以確保我們照料好業務、照管好財物，並照顧好自己的健康。感覺困惑或矛盾（困境）讓我們有時間整合思想與情感，有助於採取行動。遭遇危及人身安全的情況時，僵住、戰鬥或逃跑（威脅）的反應能救我們一命。

傑克想起他協助一對已婚夫婦的經驗。這對夫婦經營的小書店被迫關門，因為無法與大型連鎖書店及亞馬遜競爭。已經六十多歲的莉安（Lianne）與保羅原本計畫要繼續工作十年，從財務的角度來看，他們也必須這麼做。莉安一察覺到她的生計受到威脅時，就開始尋找另一份工作；受到動機激發，她積極主動聯繫人際網絡、建立履歷、填寫申請表等。這些有助於將她的焦慮感減至最輕，因為失業的想法讓她沒有安全感——他們該如何償還房貸呢？

保羅的反應則截然不同。他感知到自己不再是自己的老闆，這個念頭宛如巨大威脅般壓垮了他。他無法忍受自己得為別人工作、被別人告知該做什麼事、被別人評斷自己的表現，他將自己視為受害者，認為發生的事並非他的作為所造成，深覺自己的遭遇並不公平。誰能預料到社區獨立書店的式微沒落？保羅看不到其他更好的選擇，感到自已完全陷入了困境。他曾經收入優渥、衣食無虞，誰能提供他如同往日般的豐厚薪酬？誰會僱用一個六十五歲的男人，更別提他幾乎一輩子都只為自己工作？保羅既憂鬱又焦慮，最後，他的焦慮升級成了極度的痛苦與煎熬。

莉安用上了她所有的技能來確保自己仍可擁有安全感。而保羅在能夠繼續前進之前，必須先逐步調解、克服某些情緒；他在困境中掙扎了六個月，才接受自己必須暫時接受一份薪水較低的工作。莉安與保羅都是為安全感的需求所驅動，但保羅讓他的焦慮感阻礙了自己，莉安則充分善用了她的焦慮感。

我們生活在一個充滿無數刺激的世界，對其中大部分刺激的回應都是出於安全意識，從而啟動了交感神經系統。這可能對我們很有助益，正如莉安；但也可能導致慢性焦慮、倦怠以及憂鬱，就像保羅。

駕馭安全意識的報償與困境層次需要某些技巧：傾聽、計畫、準備、批判性思考、耐心、客觀、開放的心胸以及好奇心。但即便是具備了這些技巧的人，也可能會陷入困境。無論我們在安全意識的層次上能夠把自己照管得多好，都需要不時地擴展意識，而最簡單的方式就是進入心靈意識。

## 從「安全—困境」層次擴展至心靈層次

你可以扭動你的手指嗎？可以扭動你的腳趾嗎？擺動你的舌頭呢？你是否對自己能做到這些事情而滿懷感激？並不是每個人都能做到。當你領悟到你有能力去扭動並使用自己的腳趾與手指、擺動自己的舌頭時，感覺如何？這種領悟打開了通往心靈意識的一扇窗，並讓你擺脫陷入困境的感受。**心是打開你自己的絕佳方式。**

# 心靈意識

觀察每件事物宛如你是第一次或最後一次看到它，那麼，你在人世間的時光將會充滿榮耀。

——貝蒂．史密斯（Betty Smith）

幾乎每個人都熟悉心靈意識。想想令人欣喜的時刻，某個朋友陪伴著你、或是你陪伴著某人的時光，所有這些情況都會引發感激之情，這就是心靈意識的核心。感激之情會在簡單的快樂或全然歡慰的瞬間出現，心能商數學會與其他機構彙編了至少二十年研究，證實了欣賞與感謝對健康的種種益處，包括減輕憂鬱、強化免疫反應、改善睡眠，甚至緩解發炎——這一切全都要感謝同調性的心理狀態（參見第四章的「同調性：最快樂者生存」）。

無論情況如何，當進入心靈意識時，會經歷生理與心理的轉變，改變我們看待這個世界，以及他人看待我們的方式。其他人可以看出我們處於心靈意識中，因為溝通的感覺變得輕鬆而自然，我們十分放鬆、樂於付出，而且充滿愛。我們意識到必須感激，即使事情並不完全如我們所期望般發展。感激之情往往能讓我們超越自我，尤其是對自身之外的某人或某事深懷感激之時——可能是大自然、另一個人或團體，或者是上帝。

心靈意識不只是一種正面積極的狀態，也不僅是美好的一天或良好的狀況所帶來的結果；**即使是在痛苦之中，我們也能滿懷感激**。當傑克發生意外並撞破了他的額頭時，漢娜帶他去醫院縫合傷口。在這場磨難中，他感謝漢娜、感謝幫助他的醫院工作人員，以及一切醫療技術，此時他經歷了心靈意識。

感激，或者說至少必須能欣賞一種狀況的某些方面。在與另一個人的困難互動中，或許我們可以欣賞對方的意圖或目的，或者只是他們的情誼與陪伴。欣賞的機會持續不斷、源源不絕，尋求這些機會即是通往心靈意識的道路。

對大多數人來說，進入心靈意識並不難。我們還是孩童時，即可不加思索地這麼做，它是一個從真誠視角來看待事物的選擇；進入它的一個方法是透過言語表達，只要說「我很感激」、「哦，那太棒了」、「我很欣賞你」，或「我覺得自己好幸運」。當我們欣賞某件事物或某個人時，就會發生顯而易見的改變；當我們表達欣賞之情或感謝之意時，這種感情會被增強、放大，許多人會覺得他們的胸腔之內（在心臟的部位）充滿流動的能量。

**心靈意識對於我們的本質至關重要，它有雙重目的：幫助自我舒緩，同時與他人建立連結。**轉移至這個意識層次可以平衡神經系統並減輕焦慮感，令人憂惱的想法就此煙消雲散，取而代之的是感激與欣賞。

產生批判的感受時，正是練習進入心靈意識的好機會。當我們在評判他人時，試著想像對方的觀點並假設他們的意圖是積極正向的。在安全意識中，要保持防禦警戒、小心謹慎，較難進行這項練習；然而在心靈意識中，我們會深受啟發。

舉例來說，麥可在一個他一直想居住的地區購買新屋，但在出價被接受之後，進展並不順利。談到購買若干家具的費用時，賣家不講道理、房仲也不配合，麥可覺得自己很想表現得跟他們一樣差勁，或者用他的話來說，就是「像個混蛋」。

麥可陷入了安全意識之中。他的第一個念頭是退出這筆交易，但後來，他決定進入心靈意識。想到自己能在賣方市場上買到這間房子，滿懷感激；賣家收到了好些出價，他原本可以選擇賣給別人。轉換至心靈意識，麥可改變了心中的那幅圖象，他覺得自己很幸運能負擔得起額外的費用。他不想搬進新房子時像是在占前屋主的便宜、並對他感到氣憤不已。從心靈意識中，麥可可以走進他的新房子並欣賞這棟壯觀的建築，進入心靈意識改變了他的經驗。

在心靈意識中，可能會感覺脆弱，但我們將脆弱視為一個機會；它深化了我們與他人的連結，是值得擁抱的事物。有些人認為脆弱是危險或可怕的，因為這是在安全意識中思考，在心靈意識中則截然不同。

我們仍然可以像是在「安全—報償」意識當中一樣深具生產力，但傾向於放慢腳步、減少同時進行多項工作、少做幾件事；諷刺的是，這樣反而可以完成更多成果、享受更多樂趣，與他人建立更牢固的連結。

並不是說心靈意識總是合適的或是容易進入的層次。有些時候我們必須待在安全意識中，專注於一項困難的任務、設定界線來保護自己或我們所愛的人，或是表達在安全意識中所出現的憤怒或失望等情緒。當我們準備好繼續前進，感謝擁有的生活與周遭的美好，以及我們的能力、朋友、夢想時，心靈意識正等待著我們。然而心靈意識亦有其限制，如果想超越涉及思想、內心對話以及評估計算的意識狀態，可以轉移至廣闊無垠的意識層次。

## 廣闊無垠意識

在廣闊無垠意識中，我們超越了自己在這世界的典型經驗，對時間的感知發生了改變、並且體驗到永恆——屏棄了與時間相關的焦慮與緊迫感。我們不為過去拖累，亦不擔憂未來；與其急於妄下結論並強迫促成某事，反而體驗到一種獨特的存在狀態：沒有任何待辦事項、毋須努力成就任何事物，也沒有權衡評量的必要。

廣闊無垠是一種感覺狀態而非思考狀態，幾乎毋須言語，時間和語言為空間與意識所取代。當自我意識擴展至無邊無際時，會覺得色彩似乎變得更明亮，氣味與聲音也變得更特別了；感覺自己屬於某種比自己更偉大的事物，而且完全毋須擔憂。

當我們練習A·W·E·方法時，會特意進入廣闊無垠的意識中，因為敬畏亦是廣闊無垠的一部分。廣闊無垠意識顯然大於敬畏之情。

但廣闊無垠意識有其範疇。在深處，我們處於一種純粹存在的狀態，由副交感神經主導進入深度的放鬆，不受腦海中喋喋不休的思緒所干擾。而其他廣闊無垠的經驗，諸如吟誦、祈禱、敬畏，交感神經仍在某種程度上被激活並作用著。

我們並非一直置身於敬畏之中，也不總是安住於廣闊無垠。暫時進入廣闊無垠的意識，可以讓自己敞開心扉，擁抱生命（宇宙）給予的豐盛之美以及與生俱來的智慧；然後，將一種擴展的特質帶回日常生活，這種自在放鬆、輕鬆愉悅，讓我們能夠運用來改變自己的生活。

面對充滿挑戰的狀況，譬如失業，竟成了人生中的一件小事，甚至是萬物生命歷程中一件微不足道的事。就像是**我們鬆開了對於事情應該如何發展的掌控，並且敞開心胸、樂於接受各種可能性。這正是深刻成長與改變發生之時。**如何發生？廣闊無垠意識會瓦解我們對自己身分認同的連結（我們如何感知自己），以致於不再那麼執著於自己的故事，並且得以改變它。

廣闊無垠意識能否解決所有問題？不能，因為我們無法一直安住於那個狀態之中。但每當進入此意識時，就會重設神經系統，讓自己更具韌性、充滿好奇心、心胸更開放，對源自安全意識的失衡舊模式較無反應、也較不執著。無論生活中發生什麼事，可感受到一股平靜。這就是敬畏在生理、心理以及精神各層面上的累積效應。

關於廣闊無垠意識的一項警告是，我們會經常想要進入它，有時是為了逃避或否定我們的責任，亦即所謂的「靈性逃避」（spiritual bypassing）。利用廣闊無垠的意識來繞過需要注意的問題，長期來看是行不通的。

如果想活在世上，保有一份工作、經營感情關係、好好對待我們的孩子和年邁的雙親，以及面對自己衰老的過程，必須學會流暢地轉移、進出所有的意識狀態：安全、心靈、廣闊無垠。但是，大多數人都將絕大部分、不成比例的時間花在安全意識當中。

儘管我們寧可停留在心靈或廣闊無垠的意識中，生活的起起落落、生命的興衰沉浮總會把我們帶回安全意識。若想在心靈意識與廣闊無垠意識中停留得久些，就得掌控如何根據自己所需，在不同意識層次之間轉移、進出的方法。

## 以A・W・E・來掌握意識的三個層次

改變意識層次，需要若干練習。你不妨先詢問自己三個問題：我現在處於什麼意識狀態？這是我想進入的狀態嗎？如果答案是否定的，自問我想處於什麼意識狀態？你的答案將取決於事件的來龍去脈。

當你處於「安全—威脅」意識中而且面對相當嚴重的威脅時，比方說一隻灰熊正在追趕你，那麼，你自然無法轉移至其他意識層次，因為此時身體的戰鬥—逃跑—僵住機制過於強大，大腦中的杏仁核正以全速運轉，讓你所有的生存本能派上用場，其餘部位就不會仔細思量意識的層次。如果處於「安全—威脅」的意識是因為確實身陷危險，那麼，或許必須待在這樣的意識層次之中。

但如果你可以提出第一個問題，就表示威脅的程度是可以控制的，你或許能夠轉移、改變你的意識狀態。提出這三個問題，能讓你開始做出選擇。

艾琳（Erin）是我們一項研究的參與者，她很快就採用了意識的三個層次，並運用這個模式去改變她與工作的關係。

每週有兩個晚上，我會在晚上九點五十分離開家去上班，花四十分鐘到達工作地點。工作一個到一個半小時，然後在我客戶家中的備用客房裡鋪好我的床、準備睡覺。但我要花上很長時間才能入睡。我不喜歡那張床，它對我來說太軟了，我六十五歲的身體想要更多的支撐。我平均睡五小時。到了早上，我再工作兩到三個小時，然後下班。

當我想到那些得去市區工作的夜晚，得在寒冷的冬日或是酷熱忙亂的夏夜走過長長的街區往返地鐵之間，我就好怕去工作。我討厭這個想法。我處於全然抗拒的模式之中。當我停下來問自己處於什麼意識狀態時，我知道自己處於安全意識當中，也明白這毫無意義。

我的工作內容包括了協助一位最親愛的朋友就寢，然後在早上協助他起床，為這一天做好準備。我這位朋友在十九年前摔斷了脖子，他跟我已經一起配合了十三年。

十九年來，我的朋友每天都需要人協助他就寢、並在第二天早上協助他起床，而且從來沒有一天能夠單獨洗澡。當我花上片刻時間，想像自己在他的身體裡，我立刻轉移到了心靈意識之中；然後，當我離開我的公寓時，即便很晚、很冷、下雨、一片漆黑，我仍然帶著微笑，對往返地鐵的這趟通勤之旅滿懷感激。每次去上班時，我的目標就是成為那個人——倘若我們的角色互換時，我希望能幫助我的那個人。101

對於你該於何時改變你的意識層次，並無任何硬性規定或一成不變的規則，而是相當個人化的決定。我們的基本原則？如果你不喜歡自己的感覺，**如果你覺得不舒服、擔憂、沮喪、緊繃感逐漸加劇，那麼就換個意識層次吧**。

進入心靈意識是很自然的，只須專注於我們所欣賞或感謝的事物上即可。轉移至廣闊無垠意識雖然亦十分自然，但傳統上認為這需要時間、努力，並致力於正念的練習。然而，A·W·E·方法是通往廣闊無垠與敬畏的捷徑，能迅速地帶領我們進入另一個視界，大幅改變我們感受與看待這個世界、與他人相處以及詮釋種種事件的方式。

藉著運用A·W·E·方法來找到敬畏，可以從能量受限且有限的安全意識層次，直接轉移、進入能量充沛的廣闊無垠意識層次。此意識幫助我們釋放壓力與緊繃感。在較為放鬆的狀態下，我們會具備更大的彈性與靈活度，更有意識地選擇是否要回到安全意識或心靈意識之中。由於轉移了自身的能量，我們才能立足於更好的處境來做出這些決定。

崔佛（Trevor）是傑克的一位客戶，他把自己稱為失眠症患者。學會A·W·E·之後，他身上發生兩件事。第一件，他不再稱自己為失眠症患者了。當傑克詢問他原因時，他說，「我明白我可以用許多方式來描述自己，我的失眠只是一幅格局更大的圖像之中的一小部分而已。」這是一個徵兆，顯示崔佛的身分認同由於練習A·W·E·而得到了擴展。第二件事呢？他開始睡得很好。他的說明如下：

我在晚上就寢之前會走到戶外，在仰望星空時練習A·W·E·，想像我看到的星光在抵達我的眼簾之前，已然在太空中行進了漫長的時間；舉例來說，來自最近的一顆星南門二（Alpha Centauri）的光，花了四點二二光年才來到我們眼前。所以，雖然我現在看到了那顆星星，它可能已經不存在了。我剛剛看到的光，已經是四光年前的光了；這讓我納悶一切的真實性。不知怎的，我放鬆了。我無法解釋原因，但這就好像是擺脫了令我擔憂的一切。102

安全是一種珍貴且必要的意識狀態。矛盾的是，掌握安全意識確保我們能花更多時間在心靈意識與廣闊無垠意識上；雖然後者為我們帶來了全新視角，但安全是為生活奠定堅實基礎且擔負起責任的意識層次，如此一來，我們就能感覺自己被賦予了力量。安全意識是我們藉由採取行動、並為人際關係設定界限來解決問題的意識層面。

依據歷史事件與當前時事來看，有些人會發現創造安全感比其他事項更具挑戰性；

有創傷史的人，以及那些被要求進入他們認為不安全的空間（學校、職場、家庭）的人，面臨的挑戰更為巨大。在這些情況下，我們需要選擇對自己最有幫助的意識層次。

## 改變意識層次的冥想

如果在你的生活中，感覺進入不同的意識層次很困難，我們會鼓勵你從進入心智隱密之處的不同意識層次開始。傑克向他的客戶提供了這種冥想方式，做為用來進入三種意識層次的工具。因為這種方式需要閉上雙眼，請自行製作語音備忘錄，或以其他方式錄下你自己朗讀的冥想內容，讓你能夠重複播放。要聽取冥想的錄音，你也可以造訪我們的網站：ThePowerOfAwe.com。

首先，坐在墊子上或椅子上，盡可能讓脊椎直立，保持舒適的坐姿。如果覺得舒適的話，交叉你的腳踝，將雙手放在腿上，以食指指尖輕觸拇指的指尖。

正常呼吸，隨著每次呼吸愈來愈放鬆。隨著你的呼吸，閉上雙眼，花片刻時間想像頭部中央有一簇小小的火光；隨著每個呼吸，讓這簇火光變得愈來愈大、愈來愈強。隨著火光逐漸變大、增強，盈滿整個頭部，並且隨著呼吸逐漸擴大，延伸至頭部以外、朝四面八方蔓延開來。想像這道火光在你前方、後方、兩側、上方與下方擴展開來。這道火光代表了你的能量場，可以朝各個方向延伸至身體之外幾英尺處。

讓你自己意識到這個能量場，亦即這個環繞著你的巨大光球。你可以在這當下休息幾分鐘，在心裡說，「接下來的幾分鐘，我不歡迎任何想法侵擾、進入這個空間。」

當你繼續呼吸時，將注意力放在脊椎底部，注意該處的能量特性，想像安全意識即源自於此，這項極其珍貴的意識狀態從我們出生至死亡，始終與我們相隨不渝。

當你專注於安全意識時，如果不會讓自己感覺不舒服的話，不妨用鼻子吸氣、嘴巴呼氣；這麼做時，我將陳述你在安全意識中可能會感受到的幾件事。繼續用鼻子吸氣、嘴巴呼氣，同時注意身體所有的感知、感覺。好，讓我們開始吧：

有時我覺得自己被迫去做某些事
有時我覺得茫然困惑
有時我覺得自己很聰明
有時我覺得不知道自己該做什麼
有時我覺得自己十分堅決

有時我覺得自己需要幫助
有時我覺得自己想去幫助他人
繼續用鼻子吸氣、嘴巴呼氣

所有的這些感覺都發生於安全意識之中。只要你還活著，這些感覺中的每一種都有可能發生。安全意識是一種存在狀態，我們可感受到自己的需求與脆弱性，因此會制定計畫、採取行動、設定界限以幫助自己駕馭生活。安全意識會鞭策我們找出解決方案以幫助自己成長並增強安全感。

花片刻時間去感謝安全意識，你的本能、技巧、見解引導了你，提供你奠定生活的堅實基礎。你擁有並珍視的諸多事物，正是安全意識照顧、經營生活的成果。

當你花上片刻時間去感謝安全意識賦予你的一切，可能會開始感受到脊椎底部的能量湧現並上升。只要注意到就好。感謝有助於轉換我們的存在狀態。如果你感受到能量往上升，讓它繼續進行；如果沒有，想像能量正在上升。激發那股在脊椎底部的能量，讓它往上流進你心臟的中心。

繼續呼吸，如果不會讓你感覺不舒服的話，改以鼻子吸氣、鼻子呼氣。當你進入心靈意識時，感謝你生命中的人——那些你愛的、以及愛你的人；感謝你生活中擁有的寵物以及你喜愛拜訪的所在；感謝你所具備的天賦或才能，以及你所珍視並看重的自身特質；感謝那樣的美，並安住於其中。

暫停片刻，注意你身體的感知、感覺，以及在心靈意識中的存在特性。

你可能會開始注意脊椎底部的能量又開始往上升。若是如此，就讓它往上升；或者，想像它沿著你的脊椎往上、流向你的頭部。這股能量甚至可能繼續上升至越過你的頭部、超出身體的範疇之外。

隨著能量上升，你可能會逐漸意識到廣闊無垠的意識，一種毋須言語的狀態，一種意識擴展且不受時間影響的永恆狀態；毋須追蹤其軌跡或加以描述，只要待在這種擴展的狀態中片刻即可。呼吸、放鬆、擴展。

無邊無際、廣闊無垠的存在。

注意處於這種狀態中的整體感覺。注意這種感覺是否熟悉。感受這種毫不費力的存在方式。

暫停。

當你覺得自己已經準備好結束冥想時，讓這股能量從你的頭部逐漸往下流回心臟部位。暫停片刻以重新體驗心靈意識，一種深切感謝的狀態。當你這麼做時，留意你身體中的任何改變。

讓這股能量從你的心臟往下流回脊椎底部，回到建立你生活基礎的安全意識上。暫停片刻，注意你身體的感知、感覺。

當你準備好時，睜開雙眼。

你愈常練習從一種意識狀態轉移至另一種意識狀態，這種轉移就會變得愈發容易。我們往往習慣性地停駐於安全意識中，然而，可以藉由轉移注意力來轉移意識狀態。

在接下來的章節中，我們會讓你看到，過著沒有恐懼與焦慮形成的玻璃天花板的生活意味著什麼——即便是在最糟糕、最艱難的時候。

# 隨處皆可 A.W.E.

第四部

# 10

## 在衝突時刻尋找敬畏

A・W・E・要求我們專注於某件我們欣賞、珍視或深感驚奇的事物上，然而，當周遭都是暴動、犯罪活動、流行疫情、氣候變遷、社會不公義、政治與經濟衝突，以及不確定性時，我們如何找到敬畏之情？在經歷離婚、被診斷出罹癌，或是剛失去摯愛之人時，如何激發自己練習A・W・E・的動機？

痛苦情感的力量會將我們的注意力從最珍貴的事物上拉走，但是，即便在生活艱難之際，生命中令人敬畏、如夢似幻般深刻美好的事物，仍然存在於周遭與內心之中。敬畏是一種特別的情感，讓我們與最珍貴的事物重新建立起連結，即便是在最糟的時候。

## 敬畏的獨特能力

納粹大屠殺的倖存者、亦為《活出意義來》（*Man's Search for Meaning*）一書的作者維克多．弗蘭克（Viktor E. Frankl），描述了二戰時期他被囚禁於納粹集中營時所感受到的敬畏時刻：

從奧斯威辛（Auschwitz）到巴伐利亞（Bavarian）集中營的途中，我們透過囚車內裝了柵欄的小窗戶看見薩爾茲堡（Salzburg）的山脈以及在夕陽下閃閃發光的山巔；這時，如果有人看到我們的面容所流露出來的神情，必然不會相信這些是已放棄所有生命與自由希望的人。[103]

敬畏可以帶回我們所珍視的事物，部分原因是它能與其他情感共存的獨特能力，包括絕望——正如弗蘭克與他的獄友所經歷的情感。舉例來說，當我們不快樂時，或許無法同時感受到快樂；當我們焦慮時，或許無法同時感受到放鬆。但不論我們感覺快樂或不快樂、焦慮或放鬆，都能同時感受到敬畏。**在經歷艱難情感時仍有感受敬畏的能力，**

**這對我們的痛苦產生了莫大的影響。**

在痛苦與艱難的時候，我們眼中很容易只看到痛苦，其原因是痛苦彷彿是靶子的靶心。當我們試圖理解所發生的事、甚至解決問題時，這麼做可能有用。但能量隨注意力而來，因此，我們關注的焦點也會加倍放大，以致於那些痛苦或擔憂可能會奪去生命中美好事物的光彩。我們很容易忽略大局，也就是靶子的外環，這其中可能包括了愛我們的人、我們所愛的人，以及我們生活的意義、目的、潛能。這些外環很重要，因為它們包圍了我們所欣賞、珍視或深感驚奇的事物；有了它們，我們才能從一個更全面、更完整的角度來體驗生活。

溫斯頓・邱吉爾（Winston Churchill）曾說：「如果你正經歷煉獄，那就繼續前行。」敬畏幫助我們做到這一點，**這項工具帶我們去到痛苦的彼岸，重新回到我們所珍視的事物上。**

## A・W・E・時刻

你可以藉由「抬高你的視線」（Elevate Your Gaze）練習，訓練自己專注於外環（大局）而非靶心（你痛苦的原因）。

在樹林或公園中散個步。選一個安靜的所在，有著相當平坦且毫無障礙的小路；先慢慢走，讓自己每一步都踏實地著地。現在，抬高你的視線，讓視線直接落在你的前方，而非落向地面。如果腦海中思緒紛飛，你可能會發現自己的視線被吸往地面；發生這種情況時，請加以注意並再次將你的視線抬高。

現在，繼續往前走，深呼吸、放鬆，目光直視前方而非兩側，同時擴展你的周邊視野，盡可能看向兩側目光所及之處；你會開始明白，你有一扇更大的窗來觀察世界，而非只是前方區域。一旦發生這種情況，你可能會開始感覺世界正在穿越過你、從你的兩側往後退，而非你讓自己移動並穿越這個世界。

請注意：當你這麼做時，只要有需要，盡可能頻繁地查看前方的路徑以評估地形。

## 發現附屬之美

悲傷、恐懼、焦慮、孤獨以及損失，皆源自於某些珍貴的事物。舉例來說，伴隨著痛失摯愛而來的撕心裂肺的孤寂感，根植於愛。對許多人來說，要從失落之痛中療癒極為困難，因為得經歷痛苦才能療癒，而我們往往抗拒這種陰暗面（譬如，變得孤獨與寂寞的可能性）；因為，當我們與之連結時，會發生某些事：切斷與自己珍視事物的連結，那就是愛。這種斷開將我們的痛苦放大，但是一旦超越這種悲傷與孤寂，就能重新連結回珍視的事物並減輕痛苦。因此，情感的痛苦有一種附屬之美，它會引導我們回到所珍視的事物上。

舉例來說，失去了一隻陪伴我們十五年的狗兒之後，會先注意到屋裡一片空虛與靜默、籃子裡閒置的玩具，以及掛在雜物間的寂寞拴繩。看著狗兒的舊照片，回想起徒步旅行時牠給予我們的陪伴，以及牠對待孩子們是多麼溫柔時，不禁熱淚盈眶。我們與悲傷緊密相連。

但是，我們仍然記得、並且也能重新體驗與寵物建立關係時的喜悅、溫柔以及安慰感受——一種附屬之美。這就是所謂的全面性體驗。感受整體的經驗，包括痛苦與愛，會讓人有種極為踏實的感受；生命的充實與豐富，留待我們去盡情體驗。

在《時間的秩序》（*The Order of Time*）一書中，物理學家卡洛．羅威利（Carlo Rovelli）完美地總結了這樣的動態：「失去並非造成悲傷的原因，而是情感與愛；沒了情感與愛，失去不會給我們帶來任何痛苦。因此，痛苦到頭來，也是美好、甚至美麗，因為它從賦予生命意義的事物中得到了滋養。」[104]

要走完這樣的過程，對許多人來說是一條艱鉅的漫漫長路。所有的情感都是暫時性的，但負面情感的體驗可能是週期性的：這天我們才感受到附屬之美，到了下週，這種感覺已然消失無蹤。我們可能有幾天、幾週、幾個月，或是幾年都過得好好的，然後不知怎的，悲傷又捲土重來，淹沒了我們。時間加上支持與接受，是傳統的療癒方式，但我們現在知道了敬畏是另一個選擇，可以為注意力創造出另一個焦點，並轉移我們的意識層次，藉此幫助我們面對、處理艱難的情感。

在敬畏中，我們不會迷失於為痛苦所限的小框框裡，而是與深刻、永恆、美好的大局建立起連結，那就是納粹集中營的囚犯在薩爾茲堡山區看見的夕陽。**敬畏並不能帶走痛苦，但它能刺激認知調適以提供新的觀點與角度，讓我們得以欣賞感受到的全貌——不論那可能是什麼。**接著，A．W．E．方法可以快速、反覆地將我們帶回珍貴的事物上，終止某些痛苦經驗的週期性。運用A．W．E．，可隨心所欲地體驗情感的附屬之美。

臨床心理學家大衛．埃爾金斯（David Elkins）（順帶一提，他師從弗蘭克）在一篇文章中強調了敬畏的轉變元素，將敬畏時刻描述為「生命中最重要的轉變經驗……敬畏是一道閃電，標誌出記憶中那些時刻——當感知之門被淨化，我們異常清澈地看出什麼才是生命中真正重要的事物。」[105]

A．W．E．練習有助於我們與敬畏建立起連結，並與珍貴且真正重要的事物重新建立連結——即便只有五或十五秒鐘的時間。體驗到活著的那種令人難解、不可思議的敬畏感，會讓我們覺得迷失方向，以致感受到的並不是迫在眉睫的痛苦，而是生命的浩瀚無垠；靶心不復存在，至少在這一刻是如此。儘管可能會再次陷入悲傷或痛苦之中，但還是可以回到敬畏的時刻。A．W．E．是一個回歸珍貴事物的管道。

但是，A．W．E．並非在五秒內解決我們所有的問題，更別說是世界的難題了。它是一種帶我們進入不同意識狀態（廣闊無垠意識）的練習，而非一項解決問題的技巧。在某種意義上來說，經常感受敬畏是一種預防措施，可以練習建立新的神經網絡，第十一章中會詳細討論這一點。

敬畏對順境或逆境都有幫助，而它在衝突不和之際更讓人感覺適切、意義重大。從生理上來說，敬畏創造同調性，平靜預設模式網絡，並增加腹側迷走神經張力，這一切皆有助於鎮定神經系統。如此一來，我們就有足夠的安全感來進行療癒。

當我們深陷強烈的悲痛憂惱之中，尋找敬畏情感通常不是第一要務。人們在經歷艱難時期時，可能會浮現五種模式。大多數人對其中的一種或所有模式皆不陌生，即便從未明確地界定它們。從智識的角度來理解這些模式，雖然不一定足以幫助我們與珍貴事物重新建立連結，但識別這些模式可以做為練習A·W·E·的一項提示。

> 生活可能是一項挑戰，因此，擁有工具可以提醒我在這世上的身分與定位，以及對我來說最重要的事物是什麼，這是無價的……A·W·E·是一項簡單的工具，不但能帶我遠離世界的混亂，更提醒我活著真好——而這樣的體驗才是真正珍貴的價值所在。106
>
> ——湯姆

## 衝突的五種模式

情感上的痛苦可能會導致我們失去洞察，同時陷入五種模式中的任一種：**依附**、**抗拒**、**受害**、**災難化**，以及**退縮**。每一種都有其相對面，亦即一種遙不可及、甚至深不可測的心態，我們讓自己如此不安，找不到任何擺脫憂慮或悲傷的方法。但是，愈來愈多的研究顯示，無論衝突透過哪一種模式表現出來，敬畏都有助於瓦解，它提供了「認知調適」。

敬畏能喚醒我們，將思想模式轉變為新穎且往往相反的觀點。舉例來說，可能從匱乏轉變成豐足、反感變成接受、削弱力量變成賦予力量、切斷連結變成建立連結。敬畏幫助我們改寫我們告訴自己的故事，這些故事往往根植於讓我們陷入困境的焦慮與安全意識。

有些人常會落入特定的重複模式，即使可能並不舒服，但至少是我們所熟悉的。規律的A·W·E·練習可以消除這些模式，如此一來，在衝突發生時，面對情感波動就能處理得更好。或者，自發性地進入敬畏情感，可以看見更大的格局、寫出更好的故事、選擇賦予權力，並全心投入、擁抱關係，而非退縮不前。緩解焦慮、苦惱，以及力量被削弱的狀態，這是一個全新的觀點，只要在對的情況下進行，過程將深具變革性。

如果我們在他人身上辨識出這些模式，可以幫助自己至少不會與之同感。擁有更能掌握大局的觀點，也就更能理解、更具同情心。

以下即為每種模式的描述，看看其中是否有任何一種聽起來很熟悉。

## 依附

依附是指我們對某些事物（往往是一個理想）應該如何發展，執著到僵化而嚴苛的程度；因此，當我們的期望與現實產生落差，也就是說當生活並不如我們所預期時，執著於理想可能會導致自己產生不滿並累積緊繃情緒。

**依附有種執著的特質**，茱蒂的故事清楚說明了這一點。茱蒂參加了我們的前導性專案，她經常談到她十八歲的兒子凱爾（Kyle），一個很棒的運動員而且品貌兼優、風度翩翩。凱爾最近從大學輟學，茱蒂激動到無法自已，她堅信凱爾會成為一位完美的運動醫學醫生，但凱爾自己有不同的計畫。他接受了一份最低薪資、沒有壓力的工作。茱蒂十分執著於她對凱爾的規畫，當凱爾並未依此發展時，她很痛苦；這使她與凱爾的關係以及其他方面的關係都極為緊繃，也影響了生活各個層面。至少長達六個月時間，她深感「灰心絕望、沮喪消沉、抑鬱不樂」。

**打破依附模式的方法，就是做相反的事：**在這個案例中，即為放手，但這通常需要若干謙卑之心，並將其他觀點納入考量。以茱蒂的情況來說，這意味著她要能看見她兒子真正的樣貌，而非她希望他成為的模樣。放掉依附與執著，會讓我們重新樂於順其自然，適應現狀並活在當下。

要調適到準備放手的地步，過程可能相當長。然而，敬畏可以瓦解我們的強烈執著以及採行的信念——而我們甚至並未意識到自己選擇了這些信念。生命不僅關乎我們自身的利益，更關乎超越我們自身之外的範疇，這個新觀點遠遠超乎了只有「我」的視角。

敬畏會減輕放手以及匱乏心態的恐懼，讓我們更容易適應新的環境，因為認知調適提供了不同的視角。我們被帶往一個超乎我們依附、執著事物的所在，開啟充滿無限可能的世界。

在日常生活中不時體驗A．W．E．，會產生無遠弗屆的影響。整體來說，更放鬆了，對事物也不再那麼緊抓不放。

## 抗拒

抗拒與依附宛如一體的兩面，大多數人都明白這樣的感覺：執著於我們想要的、同時抗拒不想要的。舉例來說，我們可能執著於青春、同時抗拒衰老。有別於依附，抗拒有一種截然不同的能量特質，它會藉由壓抑、否認，或讓自己分心的方式，來推開我們不想要的事物。抗拒被視為負面是很常見的，也著實讓人深感疲累。否定我們對現實的感知，需要耗費大量的能量。

辨識出我們會在何時抗拒，有助於檢視生活中反覆出現的模式。如果不斷地吸引錯誤的夥伴、或者破壞自己的成功，這可能顯示出我們正在抗拒某些「真相」。如果一遍又一遍地重蹈覆轍，卻又期望得到不同的結果，不啻在展示瘋狂（某種非嚴格定義下的瘋狂）。

為了遠離不想經歷的事物，我們可能會藉由沉浸於一項嗜好或充滿創意的任務中，以積極或消極的方式來讓自己分心。舉例來說，工作過勞或飲酒過量。又為了不想面對糟糕的婚姻關係，可能會抗拒進行「艱難的對話」。抗拒或許可以讓我們免受負面情感，但也切斷了與正面情感之間的連結。

老化對許多人來說都是一件大事，因為人們認為隨老化而來的事物大部分都是負面的：衰退的肉體、褪色的美貌、削弱的自主權意識。人們可能拒絕照護、拒絕放棄自己的汽車鑰匙、堅持爬上搖搖欲墜的梯子來清理排水溝。敬畏將我們置於另一種截然不同的心態框架之中：接受，從而幫助我們克服抗拒。

九十二歲的菲莉絲（Phyllis）年輕時嫁給一位世界頂尖的海豚專家，她和丈夫、兒子以及三個女兒一起遊遍了世界，大部分時間都生活在美麗的海洋上，過著充實豐富（讓人豔羨）的生活。

隨著年歲漸增，菲莉絲喪失了行走的能力，現在，她必須倚靠輪椅。這很痛苦，但是對菲莉絲來說，卻成了好奇心的泉源。「以前，我從未體驗過坐輪椅的感覺。」她這麼告訴與她相識三十年的麥可。

> 我可以為失去雙腿而哀悼，但我也可以選擇如何回應發生在我身上的事情。乘坐輪椅是一項驚人的生命體驗，我對這種被推著四處走的新體驗深感著迷，並且深深感激自己還活著，有家人的支持，生活中充滿驚奇。
>
> 這世界滿溢著愛，亦充滿了令人興奮、敬畏以及好奇的事物。生命如此美妙，發生

在我身上的事情如此之多、如此有趣。

我知道我老了，但我對生活中的一切仍然深感好奇與敬畏。今天，跟狗兒玩耍激發了我的敬畏之情。我望向窗外，那裡始終有奇妙的事情發生，我看到了鳥兒、松鼠、樹木、天空的雲朵，大自然讓我深深著迷。我才剛學習到，那些穿越我院子的野火雞，牠們胸前的叉骨竟然可以回溯至恐龍時代，真是太驚人了！每天早上醒來時，我都滿懷期待今天即將經歷的所有美好、令人興奮的事物。那麼多值得擁抱的事物，為什麼要抗拒呢?!

針對COVID-19疫情的大流行以及全球其他令人不安的新聞，菲莉絲的回應是全盤、坦然地接受，她說：「沒有什麼是常態，唯一不變的就是每天都在發生的改變。每天都令人興奮不已。保持微笑。我是如此幸運擁有家人，三個女兒就近在咫尺。」107

另一個深具里程碑意義的例子，來自認知語言的共同開發者約翰．威爾。他在主持最後幾場個人發展研討會時，以類似菲莉絲的方式應對衰老。有天，在一次體驗式的練習中，當他意識到自己已無法從仰臥翻身成俯臥時，好奇心被激發了；他驚訝自己為何在八十五歲時返老還童，竟然跟兩個月大的嬰孩一樣無法照顧自己。與其否認、悲傷或憤怒於自己的失能，他好奇活在一副人類的軀體中究竟意味著什麼。在敬畏中，他對這種新的感覺、對於他身體的這項新發現深感著迷。

就如何應對老化帶來的挑戰來說，菲莉絲與約翰算是例外。然而，我們可以從這些運用A・W・E・者的絕佳範例身上學習。我們不再給事物貼上負面的標籤，並且對事物的接受度更高。在一項研究當中，被誘導去感受敬畏之情的人「在對他人提出自己的優勢與劣勢時，呈現出更為平衡的觀點，並且在更大程度上認可外力對個人成就的貢獻。」[108] 敬畏鼓勵謙卑，當我們處於謙卑之中，接受度會變高、批判性會變低，看待事情的反應也不再如此激烈。我們暫時得到喘息，毋須去判斷那些不必要的狀況，同時有能力看透這些狀況——看見大局，亦即靶子的外環。然後，帶著好奇心與開放的心態去處理這些事件或狀況。

## 災難化

災難化是誇大事情的嚴重性。大多數時候，我們只會想到事情可能會出錯：萬一我失敗了呢？萬一我的計畫行不通？萬一經濟崩潰？這種最壞狀況預測的內心對話，會編織出一個深具說服力的故事，讓我們對未來失去希望，從而導致憂鬱、絕望或憤怒情緒產生。

有些人比其他人更容易產生災難化的想像，但即便是最四平八穩的人，在某些情況下也難免產生這種心態。鮑勃是傑克的客戶，也是一位極為幹練的業務主管，他在得知若干有關公司令人不安的消息時，仍然充滿信心、幹勁十足，並藉由這樣的心態讓他和團隊安然度過災難化、直接進入解決問題的模式。然而，當問題涉及他的健康狀況時，鮑勃就沒那麼有信心了。當醫生診斷他的病情相當嚴重時，第一個念頭是最壞的狀況：想到他英年早逝的父親也曾經有過類似的診斷。

傑克的另一位客戶辛西亞，在社會動盪不安與政治經濟不確定性高漲的疫情期間，深受災難化心態之苦：如果我得了COVID-19，我能分配到一張病床嗎？我會不會死？我會不會傳染給我的家人？我會失去業績嗎？我還能重返工作崗位嗎？我們周遭亂象橫生，這世界再也不復以往。事實上，辛西亞並不孤單，在疫情高峰期間，很多人都活在安全意識之中。

敬畏無法中止疫情、改變醫療診斷或經濟不確定性，但可以透過幾個方式來解決災難化。有一項研究是關於人們在等待測試結果或醫療診斷（舉例來說）時，會體驗到的不適感。研究人員了解到，敬畏可以降低焦慮並提升幸福與正向情感。[109] 置於廣闊無垠的意識中，帶走了與時間有關的部分——在這種情況下，就是未來。敬畏是一種非語言狀態，當我們不再告訴自己深具威脅性的故事，回到安全意識時，故事改變了，內在對話也變得更加輕鬆。

在災難化的心態下，有些人會把問題全歸咎於自己，這種情況會落入受害模式。

## 受害

受害心態往往包含了*為什麼是我？*或是*這不公平*之類的想法，以及一種自我縱容的特性：我們把另一個人的難處當成了自己的難處。舉例來說，丈夫在談論妻子的疾病時，不是說妻子受了多少苦，而是說照顧她對自己是多大的一項負擔；這時，他讓自己成了受害者。

某些情況下，人們會屈服於暴力，成為暴力的受害者或倖存者，因此，他們將自己視為受害者並無不妥。但願這只是一種暫時的身分認同。這裡使用的「受害」一詞，指的是人們在日常生活中感覺自己才是受害者，因為他們覺得某人或某事錯待了他們。

我們都曾經與受害者感同身受，也曾體驗過那種受傷、懷疑、憤慨的感受；這種冒犯通常已經夠糟糕了，若我們把自己視為受害者，只會使它更糟。相信自己被錯待，將自己視為受害者，然後表現得像是那個傷害我們的人該為我們的一切感受負責。

佛教徒用兩支箭的比喻來說明受害。第一支箭，比喻降臨在我們身上的不幸，它是一支痛苦之箭，但我們並不總是能控制自己是否身處火線；第二支箭，是我們對第一支箭的反應，當我們將自己視為受害者時，只會帶來更多的痛苦。第二支箭是我們可決定的選項。

根據定義來說，受害者會有無力感。當我們將自己視為受害者時，便是削弱了自己的力量、無法代表自己行事，反而期望他人（那個傷害我們的人）來減輕我們的痛苦。這麼說吧，賦予肇事者（個人、組織、社會、政府——舉凡你可以想得到的對象）如此巨大的權力是荒謬而可笑的。然而，當我們為自己的感受而責備他人時，我們往往就是在這麼做。

聽起來或許刺耳，但事實是，**把自己當成受害者是一種逃避責任的方式，逃避為自己的情感、抑或自己的行為擔負起責任**。大部分時候，我們並未意識到自己正在這麼做；除非提升對受害的覺察，否則很難看出這一點，因為這種狀況在社會中如此普遍。

以下的故事說明了一位女性如何運用意識的三個層次與A．W．E．方法，避免落入受害的模式中。

一個炎熱的夏日，潔德（Jade）在過馬路時被一輛卡車輾過。在這件意外發生之前，潔德已開始練習意識的三個層次，而且極為嫻熟A．W．E．方法。當她躺在地上忍受劇烈疼痛時，異常沉著；第一個念頭是：我可以選擇如何回應這件剛剛發生在我身上、改變生命的事件；接著，她想到另一個跟她一起過馬路的人，他是不是也受傷了？然後，她開始思考自己該怎麼做，才能度過這個改變人生的經歷。

在被第一線急救人員與旁觀者圍繞的一片忙亂之中，潔德變得愈發專注於當下；她意識到自己的右腿疼痛難當，但仍設法藉由吸入人行道的氣味、感受陽光的溫暖來擴展她的注意力。她透過鼻子深深吸氣、透過嘴巴緩慢而徹底地吐氣，告訴自己在這一刻安好無虞、不用擔心；接著，她溫柔、平靜地安撫自己的身體與神經系統。

在長達一個月的住院期間，潔德確保自己的需求都有被滿足：疲累時就休息，需要幫助時就提出要求。而在住院的大部分時間中，她選擇去幫助其他人。與其對卡車司機深感憤怒或滿懷恨意，她寧可將注意力放在那些試圖幫助她的人身上：她注視著醫療人員的雙眼，對他們給予她的關心與照料表示感激；她坐著輪椅去探望同個樓層的其他病患，了解他們的家庭以及住院的原因，甚至為同病房行動較不方便的病患帶來點心以及擦洗手臉的溫暖毛巾。藉由幫助他人，這段住院時光確實為潔德帶來了許多樂趣——儘管她仍得面對可能無法行走的未來。

拒絕讓自己陷入受害者的心態中，潔德最終成功地恢復了好些能力，但與意外發生之前的活躍生活比較起來，她仍然受到了若干局限。

在諸如潔德所經歷的這類深受創傷的情況中，敬畏並不總是能幫得上忙。正如我們前述曾經談到，在受到嚴重威脅的情況下，大腦被杏仁核劫持，因此我們會產生戰鬥—逃跑—僵住的反應。然而，潔德的故事說明了經驗豐富的實踐者可以利用敬畏來調和自主神經系統的反應——即便是在高度緊繃的情況下。

敬畏能幫助我們避免陷入受害者模式，代之以被賦予力量的感受；但矛盾的是，**敬畏並非讓我們感覺更偉大、而是藉由讓我們感覺更渺小來做到這一點**。當來自荷蘭的研究人員對三組參與者展示大自然中壯觀、平凡或者一般景色的幻燈片時，目睹壯觀景致的那一組參與者所描述的不僅是敬畏感，更是敬畏研究人員所稱的「小我」或「被貶抑的自我」（diminished self）；相對於他們周遭的環境（那些非凡而驚人的大自然），他們覺得自己渺小到微不足道。[110] 敬畏有效地將我們的焦點從靶子的靶心轉移到外環，我們不再專注於自我，所有擔憂也不再那麼重要，如此一來，我們自我縱容的可能性便降低了。

## 退縮

經歷衝突時，有些人會避開、疏遠他人。這麼做有各式各樣的原因：有些人不想被視為需要關懷、貧困匱乏，或是易受傷害；有些人可能需要時間來處理他們的感受與狀況。儘管退縮在短期內或可符合所需，但過了那段期間之後仍緊抓這個模式不放，就會導致脫節與孤寂。舉例來說，不回電話或者對話時心不在焉，都傳達出這樣的訊息：我們不想跟支持系統對話。到最後，這些值得信賴的盟友都會停止向我們伸出援手。

退縮會導致孤立，從而造成孤獨寂寞，第一章中已討論過。人類天生就傾向於相互連結，退縮只會加重情感的痛苦，尤其是在我們需要支持的時候。建立情感的連結以及從他人處獲取情感支持，都能幫助我們走出痛苦的泥淖。

說到孤寂，敬畏可發揮兩種作用以減輕孤寂感：首先，幫助我們與比自己更偉大的事物建立起連結，不論是至高力量（higher power）、靈性傳統或是大自然，都有助益；其次，鎮定神經系統並促進利社會行為，使我們更容易與他人建立起連結。敬畏最驚人的面向之一，就是毋須依賴他人即可產生連結感；我們可以在北極圈的偏遠小屋中獨處，仍然感受到一種連結感，有助於將孤寂感降至最輕微的程度。

唐（Don）參與了我們一項研究。即便在真正與世隔絕的情況下，唐仍在生活中充分運用了敬畏。他被診斷出罹患了血癌，曾在醫院隔離長達四週，接受骨髓移植與其他治療。他選擇埋首於A．W．E．的練習並將大部分時間都花在敬畏情感上，而非選擇退縮。房間的一面牆上貼滿了照片，都是能激發他內在敬畏情感的人事物，包括家人、寵物以及他喜愛到訪的所在。他運用這些影像與記憶讓自己進入敬畏狀態，感受「浩瀚無垠的連結」。在與醫生及護士互動時，他也盡可能地找出敬畏的時刻，深深感謝他們的照護與承諾。

## A．W．E．時刻

當我們陷入這五種衝突模式的任一種時，也同時處於一種特定的意識狀態，亦即安全意識狀態。如果確實有不安全感，或許會想先使用感知語言，來賦予自己力量，從而創造出更強大而堅實的安全感。當我們有安全感時，更容易感受到敬畏。

感知語言結合A・W・E・時，兩者會相輔相成，共同促成轉變的發生。我們邀請你也來嘗試看看。下次當你經歷艱難時，不妨使用認知語言來理解並記住你體驗到的所有感受——不論是依附、抗拒、受害、災難化或是退縮；你根據對狀況的理解，讓自己採取這些模式。

你有能力做出截然不同的改變。認識到你有選擇，會感覺安全些；一旦感覺更安全，就能運用A・W・E・方法將注意力放在靶心以外的地方，擴展你的視野與觀點。

## 乘浪破浪，順勢前行

麥可的一位長期患者雪柔（Cheryl）是衝突的多種模式相互作用下一個絕佳範例。雪柔某次受傷後便飽受慢性頸部與下背疼痛之苦，後來又因頸部椎間盤突出做了頸椎手術。手術緩解了部分往下延伸至手臂部位的放射性疼痛，但也在頸部形成了瘢痕組織。之後，她出現慢性的頸因性頭痛，不時要到急診室注射止痛藥來緩解頭痛。

當雪柔參加麥可的A·W·E·課程時，她就要當祖母了。第一次當祖母的她，非常擔憂自己無法在疼痛不加劇的情況下，用雙臂將孫子抱在懷裡。但在第二次的小組療程中，她說她第一次不需要跑急診室就能止住自己的頭痛。六個月之後，雪柔告訴麥可，A·W·E·方法讓她對自己的頭痛與肌肉緊繃產生近乎百分百的控制度，這讓她的幸福感再度油然而生。「最重要的是，」雪柔說，「我可以抱我的孫子了。」[111]

在上麥可的課之前，雪柔習於依附現狀，她堅持恢復自己在手術前原本的模樣，抗拒自己的肢體受限，以及抗拒必須修改日常慣例與生活方式。在這過程中的某個時候，她陷入了災難化的心態：如果情況變得愈來愈糟呢？如果我永遠無法抱我的孫子呢？這導致某種程度的自我受害心態：為什麼是我？這不公平。除了肉體的痛苦，情緒低落也導致她退縮並疏離其他人，徒增挫折感與絕望感。

心理學家與《敬畏覺醒》一書作者施奈德都認為敬畏是一種治療方式。在一篇報告中，他寫道，「以正式的角度來看，我將敬畏定義為在創造發生之前，謙卑、崇敬以及驚異的共同混合體。以非正式的角度來看，我將敬畏視為活著……令人激動不已的事物。敬畏並不常凸顯為一種治療的『條件』，但在我與許多同事的工作當中，它卻是療癒的一項必要條件。」112

敬畏就是療癒。藉由賦予我們一種嶄新的、更輕鬆、更充滿希望的視角，有助於改善人際關係、解決問題、減輕焦慮。

A．W．E．方法可以幫助我們因應這五種模式，但有時無法明確地辨識出困擾我們的是什麼。這種經驗往往涉及了令人困惑、甚至可說是難以捉摸的存在性焦慮。

## 存在性焦慮的療法

其他類型的焦慮可能會在力求表現良好的壓力下（譬如參加考試或面臨巨大障礙）出現，但存在性焦慮不同。首先，它無法付諸行動，我們無法多做些什麼來讓自己擺脫這種憂慮。其次，它相當微細而且難以察覺。儘管存在性焦慮無所不在，許多人仍然並未意識到——直到某個事件發生、使它翻攪並浮現出來，可能是與死亡擦身而過的驚險經歷、失去某人、流行病、災難等；然而，它的確是一種普遍存在的體驗。

無法採取行動來消除存在性焦慮，是因為造成它的原因是無解的：

- 認知到我們自己以及所有我們摯愛的人，終有一天難逃一死
- 對於未來的不確定性
- 並未完全活在當下

死亡或不確定性無法可解，而儘管我們可以努力讓自己活在當下，這些努力往往只是短暫的。生存性焦慮幾乎無法逃避，因為它是人類存在的一部分；不過，這並未阻止我們的嘗試與努力。

包括傑克在內的心理健康專業人士，多年來一直設法找出因應存在性焦慮的有效策略。直到最近，已知的療法包括了宗教、藥物、否認以及分心。

人們轉向宗教求助，藉以消除自己的存在性焦慮，早已不是新鮮事。數千年來，宗教始終是撫慰普羅大眾的一個源頭，將超乎我們控制範圍的事件歸因於造物主的旨意，並透過某個敬拜的場所以及宗教或靈性活動，與志同道合的團體建立起連結，著實讓人深感寬慰。在生活中遵循若干特定的美德規範，以獲取承諾來生的回報，也令人欣慰不已。藉由提供讓人安心的保證來消除疑慮，這些做法能在某種程度上緩解存在性焦慮。在《敬畏覺醒》一書中，施奈德談到宗教如何讓我們充滿生氣：「藉由參與宗教或靈性

信仰體系的神聖實踐而被激發的敬畏情感，能煽起靈性的火焰，亦即我們每個人內在將身心靈結合在一起、維持生命所需的神祕動力。」[113]

抗焦慮藥、抗憂鬱藥以及最近迷幻蘑菇與搖頭丸（MDMA）之類的迷幻藥物，被用來減輕各類焦慮症（包括存在性焦慮）症狀。在某些情況下，藥物是必要、適當、有幫助的；但藥物並不總是真正的解決方案，而是一種醫療逃避（medical bypassing）方式，類似靈性逃避，是人們有時用以迴避對生活中的問題負責任的一種做法。

儘管許多人在面對存在性焦慮時積極藉由藥物或宗教尋求慰藉，仍有極多人完全否認它的存在。COVID-19 疫情大流行成了理解人們會如何因應存在性焦慮的試煉場，研究人員認識到，流行疫情「觸發了死亡意識」，人們基本上會以下列三種方式之一（或者多於一種）來因應：變得更積極，採取相關措施以改善健康、降低暴露風險；採取適應不良的行為以阻止焦慮迫近，可能包括了酗酒或沉迷於社群媒體之舉；或者，否認焦慮感以使自己遠離威脅，換句話說，就是相信這種流行病不會針對他們個人產生影響。[114]

我們發現敬畏可以（顯著地）減輕存在性焦慮感，它會將我們從安全意識（存在性焦慮感的源頭）中帶出，進入廣闊無垠意識。此時，時間、言語、度量、比較都不復存在，存在性焦慮的意義也不再如此重大了。

敬畏是一部分的治療方法，它將我們帶入當下。我們無法置身當下的原因之一，就是因為存在性焦慮讓自己分心了。敬畏會中斷分心，將生活中所體驗到的整體焦慮感降低；焦慮感較低時，我們較不會分心。這形成了一個正面的反饋迴路。

舉例來說，藉由進入敬畏（連結起我們害怕失去的事物，譬如摯愛的某人），我們與更偉大的事物產生了連結。這種方法是將焦點從硬幣的一面（害怕失去我們摯愛的某人）轉移到同一枚硬幣的另一面（我們對這個人深刻的愛）。這似乎違反直覺，因為如果更強烈地感受到愛，就會對失去愛的源頭更感焦慮；然而，進入敬畏時，情況並非如此。

## A．W．E．時刻

想想一個你害怕失去的人，花一分鐘時間，全心全意地去感受他對你有多麼重要、多麼珍貴，沉浸於這些感受與想法，並讓它們充滿你心中。然後，等待吸一口氣的時間，繼續沉浸其中。當你呼氣時，讓這口氣呼出的時間比平常略久一點，注意你的正向情感擴展的感受。

當我們進入敬畏時，對時間與失去的擔憂會被當下的感受所取代，後者會打斷讓我們深感焦慮的想法。亦即，我們害怕失去的人、地、物或是想法，會被我們對它的愛與感謝之情所取代。

伊娃是一位三十多歲的教師與母親，運用A·W·E·來因應她對兒子的存在性焦慮所產生的不安感：

我經常因為擔心兒子死掉而把自己嚇個半死。他是一個非常健康的五歲孩童，我的恐懼可說是毫無來由；但是，我完全無法控制這樣的焦慮。因此，我讓自己沉浸於「我成為他的母親」這個事實並專注於當下；接著，當我意識到我的生命因為成為母親而發生了多麼不可思議的改變時，我深深感受到敬畏之情。這是一份多麼令人敬畏的禮物啊！我的心、面容、靈魂都微笑了，我感覺敬畏的漣漪在我全身一圈圈地激盪開來。這是一個恆久的敬畏時刻。115

找出擺脫焦慮的方法，讓我們得以連結起對活著的熱愛與感激之情，關鍵就在於「度過」焦慮，而非「否認」它。當我們這麼做時，與焦慮的關係會產生變化。敬畏能引領我們超越痛苦、緩解焦慮，完整而徹底地去愛。

這讓我們回想起電影《影子大地》（*Shadowlands*）中的一句話。這部電影中，飾演作家C・S・路易斯（C. S. Lewis）的安東尼・霍普金斯（Anthony Hopkins）描述了失去畢生摯愛的感受：「在一生當中，我有過兩次選擇：當一個男孩，還是當一個男人。男孩會選擇安全，男人則選擇痛苦。今日的痛苦，是昔日的部分快樂。這就是交易。」

如果我們決定去愛（生命、寵物、某個人、某項成就），就會體驗到失去。有意識或無意識地擔憂失去會帶來焦慮，而這種感受抑制了我們的幸福感與人際關係。運用A・W・E・方法來體驗敬畏，有助於讓我們完全安住於對生活的熱愛之中，進而減輕存在性焦慮感。

## 對上帝的敬畏

當虔信宗教者體驗到對上帝的敬畏時，他們的生活會得到顯著的改善。在一項獨特的研究中，來自密西根大學的研究人員評估了人們對上帝的敬畏並將其與生活滿意度進行比較，此研究發現，參加教堂活動的人可以透過神職人員教授的日課，獲取更偉大的實踐智慧。而具備了實踐智慧的人，往往更易於接受不確定性，並且（在研究中）更樂於體驗對上帝的敬畏。同理，這些人會感受到與他人的連結更為緊密，因此也對生活更加滿意。

儘管研究人員專注在對上帝的敬畏上，他們也承認不可能區分對上帝的敬畏體驗，以及超乎宗教範疇之外的敬畏體驗。116換句話說，無論透過什麼方式觸及它，敬畏就是敬畏。

喬伊絲是一位年長的女士，傑克在她生命的最後幾個月為她提供了協助。喬伊絲身材嬌小，體重大約只有一百磅（約四五．三公斤）、身高大概略微超過五英尺（約一五二公分），她總是神采奕奕、精神抖擻，過著喜樂的生活，充滿活力與冒險精神。體弱多病帶來的限制，讓她怒不可遏。這也是她聯絡傑克的原因：她不想滿懷怒氣地死去。傑克描述了喬伊絲如何運用A．W．E．方法重溫她年輕時曾經感受到的敬畏：

我們在一起的時間相當短暫，就在她生命最後三個月。她很快就採用了A·W·E·練習，部分原因是她不知道自己還能做些什麼；而且，這個方法對她來說很容易。她家中各處都有令人愉快的美好紀念物，還可以從窗外觀賞到美不勝收的大自然景致。儘管如此，喬伊絲印象最深刻、感受最強烈的敬畏時刻，卻存在於她的記憶之中。

有天，我請喬伊絲回想以前她覺得自己身強體壯、輕快敏捷的時候。她閉上雙眼，說道：「我想起以前我還是一名特技騎師時，可以站在奔馳馬兒的馬鞍上。」我鼓勵她全神貫注於那一刻，重溫她站在奔馬馬鞍上的感受；儘管當下她其實是躺在床上，我還是可以看出她的姿勢改變了：當我輕柔地引導她進入A·W·E·時，她的脊椎拱起、身體也伸展了開來。

十五秒之後，我說：「在你下一次呼氣時，讓這口氣充分而完整地呼出，做一個比平常更深的呼氣。」我見證了她體現的經驗，而這個經驗不再是記憶，而是當下的敬畏時刻，讓她從痛苦與無助感中得到了暫時的喘息。

我請喬伊絲每天進行三次的敬畏練習。幾天之後，她打電話向我致謝，並說：「我都忘了我的人生一直以來是多麼地美好，我多麼熱愛生命。」

又過了一週，當我前往探訪她時，她說：「我真是個淘氣的女孩。」同時臉上掛著一抹促狹的微笑。

「怎麼淘氣呢？」

她又笑了，然後說：「我無時無刻都在練習A·W·E·。怎麼會有人一天只想練習三次呢？」

喬伊絲去世前兩天，我有機會跟她說上話；她的女兒幫她拿著電話，讓她能聽到我的聲音並且跟我道別，但她只說了：「Awwwwwww」。（譯註：發音與「敬畏」Awe相同）

衝突與痛苦是生活的一部分，而我們對這些不受歡迎的情況所做出的反應，包括焦慮以及受傷或悲痛，都可能讓我們反而遠離了真正珍貴的事物。藉由淨化並擴展我們的感知，亦即轉移我們的意識狀態，敬畏能幫助我們度過令自己不安或不適的情況，還能辨識出面對衝突時，採用了哪些不健康的模式。雖然敬畏不總是能改變處境，但規律的A·W·E·練習有助於走出人生「低潮」，並讓我們記起什麼才是真正珍貴的事物。

# 11

# 二十一天的 A.W.E. 練習

世界充滿了魔法，它在耐心等待我們的感官變得更加敏銳。

——威廉．巴特勒．葉慈（William Butler Yeats）

讓一些人感動到喜極而泣的樹，對另一些人來說只是擋路的綠色障礙。

——威廉．布萊克（William Blake）

敬畏是短暫進入的一種狀態，亦即我們並非安住於敬畏之中，只是行經這種狀態。儘管如此，敬畏可以成為生活中一部分的日常組成，透過不斷重置神經系統，幫助我們擺脫無用而有害的交感神經壓力。

在開始了解敬畏如何成為一種生活方式之前，希望你已經很熟悉敬畏是什麼感覺了。如果你開始小試A・W・E・方法，可能會注意到，有些敬畏經驗比其他感覺更為神奇；或者，你可能想知道自己感受到的是敬畏、還是其他正向的情感（譬如喜悅）；也有些人可能質疑這項練習是否真的有效。

的確，有些人比其他人更容易感受到敬畏，或是感受更為強烈。我們想分享其中的原因，說明為什麼我們認為這一點「真的並不重要」。

## 你如何知道自己感受到了敬畏？

要求人們描述敬畏，有點像是要他們描述空氣與陽光的感受。而要描述空氣或陽光，答案必然取決於你有多麼留心這些元素。有些人從沒注意過這些事，而有些人只注意並欣賞它們的表面。舉例來說，有人會說，這是陽光明媚、美好的一天；有些人則深深體會陽光照射皮膚的溫暖感受，同時願意花片刻時間讓自己沉浸在清新的春風中。人們在回憶這些經驗時，感覺會不斷重現。沒錯，你在體驗陽光與空氣的當下，以及事後回憶這段經歷時，都能感受到敬畏。

這些感受的變化，可以從隱約細微、令人振奮，到我們稱之為「敬畏高潮」的各種程度。當你練習A·W·E·時，如果感受到自己變得更加覺醒（即便程度十分輕微），別懷疑，你已感受到它了。

## 敬畏的頻譜（Awe Spectrum）

以下若干說法，用來描述不同「程度」的敬畏感受。你可以想出自己的描述用語，但要知道，敬畏很難定義，因為廣闊無垠意識的永恆特性確實很難用言語來形容。

**隱約細微**（Subtle）

令人愉快、讚賞感激、充滿喜悅、溫柔、滿足、滿意、開放、建立連結、甜美、謙卑、幸福安康

**延伸擴展**（Expansive）

深受感動、令人著迷、建立連結、甜美、令人驚歎／不可思議、浩瀚無

垠、心流狀態、令人振奮、大感驚奇、輕微迷向

### 敬畏高潮（Awegasmic）

能量釋放（起雞皮疙瘩、顫抖、打寒顫）、刺痛感、瞠目結舌、欣喜若狂、與某件比自我更偉大的事物產生連結、重新確定方向、自我超越、幸福洋溢的入迷狀態、極度震撼、著迷不已、發人深省、熱情洋溢、如癡如醉

敬畏的「覺醒」可能讓人深感慰藉，也可能深受刺激。你會感受到體內的能量激增或釋放。它是一種個人體驗，根據敬畏的對象以及環境背景而有所不同——你是單獨一人還是與他人一起、在執行任務中還是放鬆、從安全意識還是心靈意識中出發？

為什麼有些人比其他人更頻繁、更強烈地感受到敬畏情感？我們能否強化自己感受敬畏的傾向？有幾個原因可說明，某些人的敬畏感受會落在頻譜較高的一端，部分原因與性格有關。

自從我學習A．W．E．與心靈意識以來，已經快兩年了，這兩項練習有相當程度的重疊。在參加A．W．E．課程之前，我確實經歷過敬畏與滿懷感激的時刻，儘管我缺乏必要的語言與框架可以利用、並讓自己得到擴展。現在，當我進行敬畏練習時，傑克對我的改變所做的最佳描述是「**一個解開了纏捲的自我**」。**當我展開自我時，往往會感受到一個更溫柔寬厚的自我：我不太需要去糾正他人、插話，或是獲取周遭人們的關注，我也愈來愈能接受當下，這意味著我不再那麼在意計畫安排或是核對時間，更容易接受、面對眼前所遭遇的事件**。最後，我感受到塵世的渺小；這或許是我最喜愛的敬畏元素，我領悟到自己在這世間是多麼渺小的一粒沙塵，但又感受到一粒沙塵是何等地珍貴。117

——泰妮森（Tennison）

## 對敬畏保持開放心態

史古基（Ebenezer Scrooge）與鬼靈精（the Grinch）至少有三個共同點：他們是歷久不衰的暢銷書中的虛構人物，以不快樂、忘恩負義、思想封閉的吝嗇鬼形象呈現在讀者眼前。最後，透過我們與他人所描述的「基於敬畏的覺醒」（正確來說，是對他們具有重大意義的改變），他們變成了懂得感恩而且富有同情心的人。

並不是說，如果你從未感受過敬畏高潮，你就是個吝嗇鬼或守財奴；我們用這些例子想誇大一個重點：特定的性格特質已被證明可以減少或增加敬畏經驗。強調的是（本章稍後亦將說明），正如被我們用來舉例的這兩個虛構人物，不論你的性格如何（順帶一提，其中若干部分是遺傳的），持續進行微劑量的A·W·E·練習可以擴展、強化你感受敬畏的傾向——甚至將其從一種狀態變成一項特質。敬畏是一種機會均等的情感。

敬畏令人著迷、涵蓋一切情感；在某種意義上，這種情感會接管我們。要讓如此強大的情感「進入」，我們得對敬畏經驗保持開放，但這麼做會讓有些人感覺自己太脆弱，所以他們把內心的一部分封閉了起來。

**開放性（Openness）**是我們所知的「五大性格特質」之一。儘管有數百種性格特質存在，許多心理學家認為驅動性格的即為這五項核心特質，除了開放性，還有**責任感**、**外向性**、**親和性以及神經質**。* 這些特質並不是非此即彼，而是在一個連續體（continuum）上被衡量。舉例來說，你認為是心胸開放或和藹可親的人，在某些情況下也可能變得執拗而頑固。

在五大性格特質中，開放性與擁有較佳的敬畏感受力最為相關。那些對新經驗心態較為開放的人，對敬畏的感受可能比心態較不開放的人更為強烈，亦即可能更容易打寒顫（起雞皮疙瘩）、產生瞠目結舌或目瞪口呆的反應。[118]

除了開放性，研究人員也發現，有智慧、懂得感激、對「認知閉合」（cognitive closure）需求極低（或說不需要一個對或錯的答案）的人，較容易被敬畏情感所吸引。[119]你的銀行存款多寡也扮演了一個令人驚訝的角色。在一項關於社會階層與敬畏的研究當中，結論是，來自較高社會階層的人往往透過個人成就來體驗「自我導向」的正面情感，譬如自豪與滿足。相反地，收入較低者更可能在人際關係中體驗到「他人導向」的情感，譬如愛、同情、敬畏。收入和階級，與敬畏的關聯性為何？研究人員的推測是，社會地位愈高，自我意識愈強，也就愈不樂於受到敬畏的自我貶抑（self-diminishing）作用影響。[120]

一篇研究報告比較了來自二十六個國家的人們所感受的敬畏經驗，發現國家愈富裕，公民的個人主義就愈強烈，也愈可能將他們的敬畏經驗歸功於自己、而非他人或其

* 性格發展是經由天性本質與後天培養而成，但研究人員估計，我們近半數的性格特性是遺傳而來，之後發生的事則取決於我們的環境，譬如我們感受到安全與被愛的程度。

他情境。舉例來說，一桿進洞（美國，自我控制感）、聽到一個男孩完美地吟唱「聖母頌」（Ave Maria）（阿根廷，他人控制感），以及目睹富士山峰頂的日出（日本，其他情境）等敬畏經驗。[121]

就我們所知，敬畏沒有界線或限制。不論性格如何，你皆可利用A．W．E．方法不斷地加強、擴展你的傾向，提升你的敬畏體驗；我們將其稱為養成你的A．W．E．肌肉，稍後本章將說明如何做到這一點。不過，我們確知有四個面向會抑制敬畏情感的出現，或者說使我們較不易感受到它，即**僵化**、**武斷**、**過度自戀以及兩極化**。然而，當那些因自己的僵化、武斷、過度自戀、兩極化而自食其果的人真正感受到敬畏時，他們的體驗甚至可能比心態開放者的感受來得更加強烈。

施奈德指出，如果我們對自己的情感變得麻木，會愈發難以感受到敬畏：「我逐漸意識到，對痛苦免疫並完全『痊癒』的一天，就是我開始對生活變得麻木的一天。與此相反，我深信如果一個人看不見自己的傷口且無法接受傷疤是不可避免的，他就無法感受到敬畏。對我來說，痊癒涉及我的『完整自我』必須進入敬畏之中，這需要對『我是誰』投入高度的關注與感念，而我的陰暗面也不能被排除在外。」[122]

施奈德提及的完整自我（身、心、靈）至關緊要。感受完整的自我，意味著處於當下、樂於接受現況，準備充分體現敬畏，讓細胞亦沉浸於這種情感之中。

如果能夠每天數次贈予自己這份禮物，每次至少五到十五秒，假以時日，某些顯著、非凡的事情就會發生：大腦會開始創造出新的神經網絡來調適，為未來正面的敬畏體驗奠定連線基礎。

## 從狀態到特質：A·W·E·的累積效應

性格特質並非從出生就已成定局，而是具備了某種程度的可塑性。隨著我們逐漸成熟，可能變得更隨和或更外向，這完全取決於我們的經驗。就像身分認同，性格也能持續發展、獲得擴展；部分是由於大腦的神經可塑性，或是說藉由我們的經驗去學習與改變的能力，讓狀態轉變為特質。

按照定義，狀態是暫時的，而且往往轉瞬即逝，如同最初的敬畏體驗。但是，如果可以選擇一種狀態（例如敬畏）並使其成為自己性格的一部分呢？研究大腦的科學家，證明了我們可以這麼做。

在重新探討冥想如何影響大腦的五項研究中，研究人員發現，規律的冥想練習可以改變大腦中部分區域的基本神經迴路，並且增厚大腦中掌管內感受（interoception，我們描述感受的能力）區域的灰質。[123]北卡羅來納大學的研究人員證明，為期八週的冥想課程中，多次達到正念的狀態，有助於將此轉變成性格特質，亦即成為冥想者的部分性格。[124]

這就是為什麼正念練習可以行之有年、歷久不衰：規律的正念練習可以讓我們產生實質的改變，成為更好的人。

《心福潛能》一書中，漢森明確描述了如何讓一種狀態在大腦中根深柢固，成為一種本能的特質。

這項奇蹟般的壯舉，關鍵在於激活我們希望發展的狀態；也就是感受敬畏。但根據漢森所言，還有一個步驟：

> 我將第一個階段稱為**激活**（**activation**）、第二個階段稱為**安裝**（**installation**），這是**正向的神經可塑性**（**positive neuroplasticity**）：將短暫的狀態轉變為持久的**特質**。第二個階段是絕對必要的，因為**體驗不等於學習**；神經結構或功能沒有改變，就沒有持久且更理想的**心**智改變。

大部分有益的經驗在大腦中宛如濾過篩子的水一樣，沒能留下任何幫助。你跟朋友進行了一次愉快的交談、或是在冥想中產生了更平靜的感受，經過一小時，就像是船過水無痕、什麼事都沒發生。如果覺醒像一座山，你在某些時候可能會發現自己已經登上了它的山坡。但是，你可以待在那裡站穩腳步嗎？還是會不斷地往下滑回原點？[125]

幸運的是，A．W．E．能帶領我們完成這兩個步驟：「激活階段」需要體驗，這發生在A．W．E．的第一個部分；「安裝階段」需要汲取經驗並進行短暫反思，這發生在A．W．E．的後半部。

正如漢森所言，「特質比狀態更可靠。無論你到哪兒，這些特質都如影隨形。問題在於，大部分人的良好狀態，永遠無法變成良好的特質……在此之際，壓力、痛苦、有害的經驗卻能快速地轉化成神經結構或功能上的持久改變。」[126]A．W．E．方法正是保持良好狀態並加以強化的一種方法。

敬畏情感會透過認知調適激活學習過程，並改變大腦的神經結構。當敬畏的神經網絡設置好、就定位時，大腦會記住這種感覺。A．W．E．有累積效應，敬畏感會不斷地自我累積，直到感受（狀態）轉變成一種特質，並且成為我們的一部分。此後，會更容易體驗到自發性的敬畏。

一天至少練習三次的A·W·E·有助於強化這種大腦活動，而且成效立竿見影。在加州大學柏克萊分校研究當中，有些人描述僅僅練習了三週，他們就開始自發性地產生了敬畏感。值得注意的是，大多研究參與者不是從未進行過冥想，就是曾經嘗試過但後來放棄了。

對我們來說，自發性的敬畏時刻已成為再自然不過的事。經過幾年來每天保持練習，傑克確信自己的大腦已被重新布線。這件事雖然說來奇怪，但比起練習之前，現在的傑克無疑是一個更快樂、更具韌性、適應性更強的人。

進行了數十年正規的冥想練習之後，麥可現在也以A·W·E·的練習為主。才幾個月，他就開始體驗到自發性的敬畏時刻，而且再也毋須刻意練習。生活的每個層面，無處不是自發性體驗敬畏的機會——等紅燈時、刷洗雙手準備進行手術時，或是享受早茶時。這些轉變既微妙又深刻，使生活各個面向都變得極為輕鬆自在，從親密關係到職業生涯皆是如此。

## 你的敬畏神經網絡表現如何？

你的A·W·E·肌肉長出來了嗎？還記得第一章請你做的敬畏調查嗎？如果持續練習A·W·E·，體驗敬畏的頻率與強度都可能逐漸增長。在此，讓我們再做一次調查，回答下列問題，看看你以敬畏為樂的傾向是否增強了。

## 培養你的A·W·E·肌肉

現在，你已經知道如何進行A·W·E·並體驗到敬畏是一種你可以進出的狀態。我們希望幫助你將敬畏發展成一項特質，亦即成為你性格的一部分。養成A·W·E·肌肉有助於自發性敬畏的產生，也就是毋須特意使用A·W·E·方法，即可讓敬畏情感毫不費力、自然而然地出現。

儘管本書介紹了如何在五到十五秒鐘內，進入敬畏與廣闊無垠意識的過程，對有些人來說，以更嚴謹的架構來觸及敬畏，會為他們帶來更大的助益。任何努力超越安全

## 性格正向情感量表——敬畏分量表

以1到7級（感受程度最強烈為7）為下列敘述的感受評分：

我經常感受到敬畏。

我看見我周遭的事物之美。

我幾乎每天都感受到驚歎之情。

我經常在我周遭的事物中尋找模式。

我有許多機會能看見自然之美。

我尋找體驗以挑戰我對世界的理解。

計算你的得分，這項分數的範圍是從6到42；你的分數愈高，就愈能自然而然地感受到敬畏。

意識或心靈意識的人，可能會考慮用二十一天的練習來養成A．W．E．肌肉。二十一天看起來或許像是個隨意的數字，但根據研究，這是形成一個新習慣通常需要的時間。那麼，你的第一個二十一天的敬畏，看起來應該是什麼模樣呢？它可以像是你想要的任何模樣，但我們仍提供了在不同的環境與情境下試驗A．W．E．的若干方法與提示，幫助你達成每天體驗敬畏的目標。

## 二十一天的A．W．E．練習

以下是開始使用A．W．E．的若干有趣方法。我們鼓勵你將此經驗記錄下來，可以用日記、手機或是日記應用程式，試著將你的體驗簡化成一句話。舉例來說，捕捉你對一位咖啡師的敬畏時刻：「我每天買咖啡時都看到同一位咖啡師，但今天我注意到她美麗的微笑。」

## 第一週：第一～七天

### 大自然

在大自然中，人們似乎可以最快速、最容易地激發敬畏情感。即便你居住在擁擠的大都市，還是能發現大自然的些許蹤跡——一棵樹、一道樹籬、一隻鳥兒或松鼠。在這一週中的每一天，我們請你挑選一件大自然的物事並加以深入觀察。舉例來說，如果你挑選了一棵樹，可以思考下列事項：

它的形狀與它的存在
樹木有根的事實
樹木的枝椏
一片葉子
橡實或松果
春天時從樹上被吹落的花粉
耐強風的幼苗

## 第二週：第八～十五天

### 在你周遭的環境中

敬畏存在於日常事物中，所以無論你身在何處，都可以感受到敬畏。這一週，不妨在你的生活環境中尋找敬畏……

- 一本書
- 一幅畫
- 音樂
- 某個傳家寶
- 靜默
- 一座時鐘
- 一餐飯

## 第三週：第十六～二十一天

### 在人群之中

人際關係既可以是最偉大的喜悅、亦是我們最巨大的挑戰。當你跟某些人在一起、或是想到他們時，試著運用A．W．E．。我們指的是，那些你很熟悉，以及那些你從沒見過的人。敬畏如何影響你對這些人的感覺？不妨從下列這些人之中尋找敬畏……

某個你可能不太熟悉、但是很感謝的人。可能是商店中幫你結帳的收銀員、友善的鄰居，或是令人愉快的客戶。

某個你熟悉且深愛的人。舉例來說，這個人目前在某種程度上參與你的生活，或是已經不在你身邊。

某個你感覺有衝突的人。或許是你因為害怕挑起爭執而不願打電話聯絡的某個家人。到這一週結束時，在你想著這個人、同時體驗到敬畏時刻之後，注意你的態度是否有所轉變。你可能要以你經常會想到的人來嘗試這個方法，例如：

行為不當的孩子
心懷不滿的同事
你較不贊同的公眾人物
甚至可以用自己為對象來嘗試這項練習，創造出更多的自愛與同情心。

## A・W・E・練習的小技巧

**承諾：**承諾每天練習A・W・E・三到五次，持續二十一天。首先，你可能想設定鬧鐘做為提醒。不久之後，你就會自發且經常地練習。

**開始：**先用一週時間，以第十二章中的一項實驗來練習A・W・E・。這些都是吸引最多人進行的實驗。接著第二、三週，可以嘗試第十三、十四章中的實驗，並持續進行。當然，你大可找出你自己的敬畏時刻。

**讓自己沉浸其中：**務必品味並享受你的敬畏，盡可能持久地保有這種感覺，確實去感受它，至少維持幾個呼吸之久，確保它可以變成一種根深柢固的正向特質。

**分享：**一項美妙的敬畏練習就是分享你的敬畏時刻，同時閱讀其他人的敬畏時刻，這種分享本身就能引發敬畏。我們鼓勵你在我們的網站（ThePowerOfAwe.com）上的「敬畏時刻」（Moments of Awe）網頁發文分享你的經驗，可以用文字或照片來表達。網頁上的發文，都是全球「敬畏社區的力量」（Power of Awe Community）成員的敬畏時刻。增加一定數量的新發文之後，之前的發文就會消失，代表所有時刻都具備了短暫的本質。許多人描述他們光是看別人對敬畏時刻的發文，就激發了自己的敬畏體驗。我們鼓勵你到訪我們的網頁——即使你沒有分享，也沒有關係。

**日記：**將你的敬畏時刻記錄下來，它有助於更深刻地嵌入你的心靈之中，並觀察你所取得的進展。我們鼓勵你持續寫日記，盡可能做記錄，就算只寫一、兩行也很足夠。

**團結好友（Buddy Up）：**找一位A·W·E·好友分享你的敬畏時刻。談論你的經驗，無論是令你驚喜激動的時刻、或是為體驗這些時刻而付出的努力，都十分發人深省。我們發現A·W·E·的學生會藉由分享敬畏時刻來強化自己的經驗。你可能會對自己的發現深感驚訝。這些分享可以透過電子郵件、簡訊、見面、電話，或是線上會議進行。你的好友不需要練習A·W·E·，只要當一位好的傾聽者即可。

這二十一天承諾的目的，並非讓你自我評鑑，或擔心、在意自己是否正確地遵循了A·W·E·方法來進行練習。做為群體的一份子，我們習於努力做「正確」的事，但敬畏只須專注於當下。

舉例來說，如果你到訪大峽谷，毋須事先告訴自己必須保持敬畏，因為盡收眼底的風景就會讓你的敬畏之情油然而生了。A．W．E．之美在於毋須思考自己在做什麼，只須觀察並進入當下。進行A．W．E．練習、全神貫注於自己所珍視與欣賞的事物時，便會自然而然地進入當下。這種涵蓋一切的體驗，並無任何待議事項或批評指責的立足之地。當下已經創造出空間，讓敬畏情感以及伴隨而來的「啊哈！」（aha）頓悟時刻，得以進入。

每天無時無刻，我都戴著「A．W．E．」手鐲，這是我上完「敬畏的力量」課程之後收到的。戴著它是因為一天之中，它會提醒我好幾次，停下來幾秒（即便不是特意為之）；並提醒自己儘管殘酷無情的壞消息淹沒了我們混亂的世界，我的生活依舊井然有序。生命仍然十分美好。[127]

——哈利

敬畏無所不在，我們毋須四處尋找，毋須再三思考，因為不存在任何分析。毋須比較，因為每個經驗都是獨一無二的。尋找敬畏並不是一個目標，目標是為了未來而設定的；敬畏是發生在此時此地的一種驚奇感，來自最初、最後，以及不斷令人驚歎的經驗。

**最初**：初吻、初戀、第一次看到你的小狗、第一次被你想加入的課程錄取、第一次騎單車、在海裡游泳、攀登峰頂。

**最後**：你攀登的最後一座山、你的最後一個吻、最後一句「我愛你」、最後一次的愛撫、你喝的最後一口水、聽到的最後一句話。

**不斷令人驚歎的經驗**：日出、流星、紅杉、大峽谷、米開朗基羅的〈大衛〉（*David*）、北極光、合而為一的一體感、安德烈・波伽利（Andrea Bocelli）的歌聲。

我們能感受到的愛如此深切。

敬畏是一種最強大的情感，擁有精煉、完善我們各個面向的情感與靈性生活的潛能。它並非承諾生活從此即可免於挑戰或脫離逆境，而是賦予每一刻欣賞、感激以及存在當下的感受，為人生的沉浮起落提供豐富、深度以及深具啟發的視角。

當我們讓日子充滿那些引領我們進入廣闊無垠意識的事物，便宛如從沉睡中醒來，不再為過去所牽絆，也不再因未來而擔憂。我們不是靈性的追尋者，也不需要思考A．W．E．的過程，它就這樣發生了。讓自己欣喜地擁抱這些自發且頻繁的敬畏經驗並沉醉於這些時刻，產生的影響是一種深刻的平靜與當下的力量，並使我們深感滿足，甚至為活著感到激動不已。

A．W．E．方法是接受敬畏這份大禮的管道。

下一章將提供三十多項實驗，幫助你展開、或是加強A．W．E．練習。每個人的敬畏體驗都是獨一無二的，宛如雪花與指紋，找到敬畏的方式亦截然不同。

# 發現敬畏

第五部

本部分的實驗由漢娜・伊格爾（Hannah Eagle）設計

人們常說「情人眼裡出西施」。但我會說，最令人如釋重負的一點是，你可以意識到，自己是那位情人。

——莎瑪．海耶克（Salma Hayek）

我們指明了敬畏的三個領域：感知（sensorial）、相互連結（interconnected）以及概念（conceptual）。

以視覺、聲音、氣味、味覺以及觸覺等感官充分沉浸於當下，便會產生感知的敬畏。相互連結的敬畏來自與其他有情眾生產生的真心誠意、敞開心扉的體驗。而當我們想像一個構想或概念可以擴展視界，甚至可能到達令人大吃一驚的程度，即為概念上的敬畏。

每個領域有截然不同的範圍，這些實驗旨在做為探索每個領域的路線圖。你可能發現進入某一個領域比另一個領域更加容易，因此，我們鼓勵你從感覺最舒適自在的實驗開始。另一個選項是，以某種類似聖經占卜的方法來挑選實驗並進行練習：打開本書最後一個篇章中的任何一頁，看看你發現了什麼。

若干實驗是運用A・W・E・方法（僅需五到十五秒鐘）的範例，其他實驗則更像一趟旅程，會多花一些時間，有機會去體驗擴展而持久的敬畏。

當你踏上這些旅程，請保持好奇心；有些會帶你走向大自然，有些則是在家即可完成。一路上，請隨著你所踏出的每一步，尋找敬畏。

# 12

# 感知的敬畏

當我們以視覺、聲音、氣味、味覺以及觸覺等感官充分沉浸於當下，便會產生感知的敬畏。本章實驗鼓勵我們從周遭的環境中尋找敬畏，亦即在早晨喝咖啡時、觀看雲彩時、照料我們的屋舍或庭園時。每個實驗都為你提供了使用A．W．E．方法時所需注意的事項。

## 與你眼中的自己連結

耶魯大學一項新的心理學研究指出，大部分人憑直覺認為他們的「自我」，也稱為靈魂或自我意識，似乎存在、或幾乎就在他們的眼中。

——娜塔莉・沃爾克弗（Natalie Wolchover）

首先，凝視鏡中自己的雙眼，距離不需太近、亦不能太遠，但要近到足以看清它們。放大鏡可以增強這項體驗。

注意各種色彩、線條、圖案，以及光線的反射。

根據一種古老藝術形式所述，你的雙眼會揭示出自我真實性格。深深地看進你的右眼，這是你向世界展現個性與性格之眼。你看到了誰？

現在專注於你的左眼，據說這是你的真實之眼。深深看進你的左眼。這隻眼睛有什麼不同之處？你可以從左眼看出自己的智慧、靈魂，以及人生旅程的印記。

更深入地看進你的左眼，自問在眼中回視你的人是誰？

為了由外往內看入眼中，你的眼睛正由外往內看（看入鏡中）嗎？相當古怪吧！

## 淋浴

如果你致力於活在當下，總有那麼一天，它會成為你的自然狀態；當下那一刻，會成為你的安住之所。或許你會短暫地進入心靈世界一遊，但不會走得太遠而迷失在那裡。

——李奧納多・雅各布森（Leonard Jacobson）

淋浴是我們幾乎每天都會進行的日常活動，也是激發創意思維、體驗敬畏的良機。慢慢滑入流動的水柱之中，留意水流刺激你的手臂、頭頸、臉頰、後背，以及肚腹的感覺。

轉身、再轉身，感受水滴從你的肌膚上不斷彈起。

試試不同的溫度，從熱、溫，到冷，再回到暖和的水溫。

注意水聲、肥皂與洗髮精的香味，以及沾滿肥皂的雙手接觸身體時的光滑觸感。

這裡要保持的念頭是，全然而充分地意識到你在當下這一刻所感受並體驗的一切。每一個步驟都是激發敬畏情感的機會。

當你完成淋浴時，關閉蓮蓬頭。在伸手去拿毛巾時，觀察你的手臂，注意毛巾吸收肌膚水分時的感覺。

這是展開一天的絕佳方式：感覺更輕盈、更有活力生氣，甚至容光煥發。

接下來呢？繼續緩慢地前進，對下一刻保持意識。

## 觀察移動

你上一次安靜片刻、什麼事也不做，只是坐著看海、看風吹過樹梢、看池塘裡微波蕩漾、看燭光閃爍搖曳，或是看孩童在公園裡玩耍，是什麼時候？

——雷夫．馬斯頓（Ralph Marston）

在微風徐徐的一天，讓自己置身於自然環境中，在公園、海岸，或者山林之中。安靜地或站或坐，開始觀察。單純地觀察樹、草、花、水、雲、鳥、蟲，以及人的姿態與活動。全面環繞視覺與聽覺的管弦樂團，正在風中盡情演奏著。首先，注意一切都有其節奏。每一棵樹、每一片葉子、每一朵雲都乘著風，並以自己獨特的方式移動。

正如大自然，我們也是如此……以自己特殊的方式在這世上行動。與植物、雲朵不同的是，我們會自我驅動，或許會為微風所撫慰，但並非為其所推動。

地球上有超過八十億人口，但沒有一個人的移動方式跟其他任何人一樣。

## 音樂的連結

音樂賦予宇宙靈魂、賦予心靈翅膀、讓想像力飛翔，並賦予萬物生命。

——柏拉圖（Plato）

音樂將我們與他人連結起來。在語言出現之前，音樂就存在了。音樂透過節奏、歌曲以及舞蹈將我們連結起來，同時藉由文化、儀式、慶典等方式表達。

當我們傾聽或創作自己熱愛的音樂時，會釋放出快樂的荷爾蒙、多巴胺、血清素，讓我們感覺良好。

當一曲你喜愛的音樂吸引了你的注意力時，請以更深入的方式來傾聽它，讓自己與節奏、和聲、間奏、漸強音產生連結。注意進入配樂的每種樂器與歌聲。

如果你需要建議，試試「503」（*Angels and Demons*一曲）——漢斯・季默（Hans Zimmer）與約夏・貝爾（Joshua Bell）。

當我們甦醒並真正傾聽時，敬畏就是令我們欣喜的回報。

閉上雙眼、凝神傾聽，讓音樂盈滿自己並滿懷欣喜地沉醉其中。給你自己一對翅膀盡情飛翔。

## 水體

他們靜默地傾聽著水聲。對他們來說，那不僅僅是水聲，而是生命、存在、永恆生成的聲音。

——赫曼・赫塞（Hermann Hesse）

帶著你的水體（你的身體含有百分之六十的水分）來到另一個水體：湖泊、海洋、池塘、河流，或是湧泉。

讓你自己安靜下來、靜止不動，留意微風與溫暖的陽光。

留意各種聲響，包括海浪聲、河水潺潺流動的聲音、湖水輕拍湖岸的聲響、風吹樹葉的沙沙作響，以及鳥兒鳴叫的聲音。

留意樹上的枝椏在風中搖曳，以及這些搖曳的姿態灑落地面的影子。

注意水面上舞動的各種色彩、圖案以及倒影，水面反射的耀眼光芒讓你感覺充滿活力與生氣。

觸摸那個水體，留意它涼爽而潮濕的感覺。

讓你自己真正察覺並感受一切，而非只是看見。

# 品嘗滋味

傾聽你的生活，觀察它深不可測的奧秘。在無聊與平淡中，也在興奮與歡樂中：觸摸、品嘗、聞嗅，通往它神聖、隱密的核心。因為歸根究柢，生命中所有的時刻都是關鍵時刻，生命本身就是一項恩典。

——弗雷德里克．布希納（Frederick Buechner）

品嘗？我們有多常能夠完整、充分地品嘗一餐？當我們進食時，有專注在食物上嗎？我們的味蕾能夠分辨甜、酸、鹹、苦、芳香、嗆鼻、辛辣以及堅果味，這多麼驚人！沉浸於味覺當中，可以為我們帶來令人驚歎的經驗。

拿些你喜愛的小東西：一顆葡萄乾或堅果、一塊巧克力，或是一口香蕉。放一口食物在你的嘴裡，首先感受它的溫度，接著是它的質感，然後是味道。讓這種味道在你嘴裡完全滲透、充盈你的味覺。覺察你想咀嚼與吞嚥的欲望，並在吞嚥之後，覺察你是否想要（或者不想要）更多的欲望。等待。

接著，緩慢地品嘗下一口食物。你能否想像在整個用餐期間都專注於當下、有意識地品嘗每一口食物？不妨試試看。

當我們真正專注於當下時，一餐中的每一小口食物都能激發我們的敬畏時刻。

# 夕陽

當你的世界移動得太快，讓你在混亂中迷失了自己時，讓自己沉浸於夕陽的每一道色彩之中。

——克莉絲蒂・安・瑪汀（Christy Ann Martine）

你是否曾經看過太陽宛如奶油般融化在地平線上？親眼目睹了令人敬畏的夕陽之美，你會放慢對時間的感知，同時刺激大腦產生令你感覺快樂的荷爾蒙。

找一個可以觀看夕陽最後落下的所在，讓色彩在你眼前緩慢改變：從燃燒的火紅、橙黃，到黃金、深紫色澤。

讓你自己緩慢而深長地吸氣與呼氣。放下對過去與未來的思緒，讓自己沉浸在這豐富多彩的一刻。

每一次的夕陽都是獨一無二的。因此，你欣賞的這個夕陽永遠不會和其他的夕陽一樣。

## 如禪僧一樣做飯

放鬆、靜默、有節奏。我剛好有機會潛心鑽研煮水、撒鹽、清洗羅勒葉、用手指撕碎新鮮多汁的莫札瑞拉起司球等工作。我心無二用，只專注於實現這項任務所需要的步驟。最後，就是那股衝動，渴望去探索餐盤上特定擺放的對比色彩之美。

——《食物實踐》（*Food Practice*）

典座（Tenzo）是在禪修中心裡最令人羨慕的工作，也就是廚師。他或她得以在一天的絕大部分時間實踐行動的禪修（meditation in action）。今天，你可以像一位典座般，將全副專注力放在一頓飯的準備工作上。運用你的感官，注意你的身體如何在廚房中移動以伸手取物。

注意你打開冰箱門時迎面而來的寒氣，並感受爐子傳來的熱氣。

注意你所做的每一個動作：測量與舉高、傾倒與攪拌，以及每種原料的顏色與香氣。有意識地將一種原料歸位之後，再伸手去拿下一種。將食物舀到盤子上，彷彿是一份送給你自己的禮物——也的確是如此。

安靜地坐下，有意識地享用這頓飯。

全神貫注於過程中每個步驟所做的事，然後吸氣、等待，徹底呼氣並進入敬畏。

# 抬高你的視線

全世界有百分之八十的人，每天連一次都不曾將目光抬高至地平線以上。

——查爾斯·達爾文（Charles Darwin）

為了準備迎接你的敬畏時刻，在樹林或公園中散個步。選一個安靜的所在，有相當平坦且毫無障礙的小路。

先慢慢走，將注意力集中於你雙腳所踏出的每一步。

當你感覺穩定、腳踏實地時，抬高你的視線，讓視線直接落在你的前方，而非落向地面。

如果腦海中思緒紛飛，你可能會發現自己的視線被吸往地面；發生這種情況時，請注意並再次將你的視線抬高。

當你抬高視線時，會更專注於當下，感覺更有活力生氣，也更樂於擁抱敬畏。

## 充滿香氣的連結

嗅覺是最早存在的感官，比其他感官來得更強大、更原始、更緊密地連結我們的記憶與情感。氣味可以觸發心靈、情感或身體的平靜，並促進療癒與全面的幸福安康。

——唐娜・凱倫（Donna Karan）

你是否曾經與事物的芬芳香氣產生緊密的連結？

如果繁花盛開，你可以開始在戶外尋找香氣。然而，你也可以在家中進行一場香氣的冒險，藉此喚醒你的感官。

從你充滿香氣的沐浴乳或洗髮精開始，花片刻時間吸入這股香氣：不論是薰衣草、葡萄柚、檸檬或是薄荷香味。

全心沉浸於這股香氣中，直到你與它完全連結在一起，然後保持在這樣的狀態中再久一點。接著，換成下一種香氣。

牙膏聞起來可能有薄荷或櫻桃味，防晒乳聞起來有椰子味，甚至不含香料的身體潤膚乳都有一種微妙的香氣——你可將其歸類為「滋養我」（nourish me）的產品。
擁有一個可以與這些香氣（即使是最細微、難以捉摸的香味）連結的鼻子，是多麼地神奇！有些香氣甚至可能勾起你甜蜜的回憶。

## 提升你的舞蹈

跳舞就是要讓自己忘我，感覺更強大、更美好、更有力。這就是力量，人世間的榮耀，也是你可以隨意取用、唾手可得的事物。

——阿格尼絲・德米爾（Agnes de Mille）

聽音樂可以喚醒我們的感官，讓我們感覺更有活力、更有生氣。聆聽音樂，讓身體、而非心智帶著我們舞動。

挑選一首你喜愛的樂曲。

站起身來，閉上雙眼，開始聆聽音樂並沉浸其中。

先別擺動，感受一下音樂的節奏。

接著，讓音樂由內而外地引領你的身體去擺動。

扭動、玩耍、放鬆、釋放、探索、即興發揮。釋放自己，不去在乎別人的想法，毋須遵循任何形式，讓你的身體帶路就好。

當你將身體從心智中釋放出來時，至少會激發出片刻的敬畏情感。

# 成為宇宙的中心

以前，道路、大海、樹木、空氣、太陽對我說的都是不同的語言；如今，它們說的語言是一致的。樹木體諒道路，道路意識到空氣，空氣留心海洋，海洋與太陽分享一切。每種元素都與毗鄰的元素彼此友好、和諧共處。我跪下時是凡人，起身時成了不朽之人；我覺得自己彷彿是一個小生命圈的中心，與一個更巨大生命圈的中心重疊在一起。

——楊・馬泰爾（Yann Martel）

下次當你搭乘一輛行駛於開闊道路上、遠離城市的車子時，不妨試試這個方法。目光專注地直視道路前方，而非兩側。但注意你可以擴展周邊視野，將道路兩側目光所及之處盡收眼簾。

當你讓周邊視野參與進來時，還是可以看見前方的道路，也可以感受兩側路過的景致。

開始想像你跟車子是靜止不動的，反而是道路與風景正在移動、穿越過你。

在這個敬畏時刻，你可以成為一個移動宇宙中靜止不動的中心。

## 陷入沉睡

睡眠是最好的冥想。

——達賴喇嘛（Dalai Lama）

在你上床就寢之前，記住你有一張舒適的床可以睡覺，是多麼幸運。並非每個人都能如此。

在你覺得舒適的情況下，穿最少的衣物上床睡覺，以便讓你的皮膚有更大的面積可以接觸到床單。

注意你的雙手如何拉開被子、露出床單。

讓你自己滑入層疊的被褥之間、往被子裡移動，並將自己緊緊裹好，準備一夜好眠。

這時，去感受那種柔軟、涼爽的舒適感。

做個深呼吸。當你深吸氣時，感受身體的擴展，並讓全身沉入床褥之中；呼氣時，釋放臉頰、舌頭、下巴，以及全身的緊繃感。

如果你確實專注地這麼做，當下可以成為一個敬畏的時刻，你將滿懷感激於接下來的幾個小時中，你可以好好休息、什麼事都不用做。

# 13

# 相互連結的敬畏

相互連結的敬畏來自你向其他有情眾生敞開心扉的體驗。這樣的體驗來自深刻的連結與陪伴、見證、受苦、慷慨、失落，尤其是愛的行為。用A·W·E·方法可以與摯愛之人、寵物，甚至陌生人進行深入的連結。

# 連結聲音與寂靜

傾聽是如此簡單，只須專注於當下即可。但這需要練習。我們不必做任何其他的事，也不必提供建議、指導，或是聽起來很有智慧，只要願意坐在那裡傾聽就夠了。

——瑪格麗特・惠特利（Margaret J. Wheatley）

不論你身在何處，請停下來傾聽周遭的聲音。

然後，注意聲音之間的寂靜。

在這靜默中平靜地休息，放鬆並準備好迎接下一個聲音。

在對話時，我們也可以在分享彼此想法之間的靜默時刻，建立連結。

這些都是「成為」在一起、而非試圖填補空檔的時刻。

而且，如果我們練習在靜默中連結彼此，這些時刻可能會成為最令人深感敬畏、連結最為緊密的時刻。

## 擁抱

你必須真正去擁抱你正在擁抱的人，讓這個人極為真實地存在你的懷抱之中。你不是為了表面工夫而擁抱：朝對方的背拍個兩三下，假裝你在乎；相反地，你要真的在乎、完全專注於當下。擁抱時，有意識地呼吸，以你整個身心靈來擁抱。

——釋一行

在我們的一生當中，可能會分享成千上萬次的擁抱，其中許多是在無意識的自動導航狀態下完成，甚至並未注意到自己做了這個動作。讓你的擁抱成為敬畏的時刻，只須多花五到十秒鐘停下來，專注當下，有意識地建立連結即可。

注意你所擁抱的身體有什麼感覺。當你吸氣時，可能會注意到他們的溫暖身軀與獨特氣味。

停止思考，只去感受，喚醒你的感官。當你或他們準備好時，就放手去感受吧。

當你充分意識到並專注於彼此的連結時，注意這個擁抱可以變得多麼不同凡響。

# 連結大自然

大自然、大地有其述說故事的方式。大部分時候，我們只是不夠有耐心、不夠安靜來專心傾聽它們的故事。

——琳達・霍根（Linda Hogan）

在大自然中找個地方坐下來，在你周遭畫出一個大約六英尺的假想圓圈。開始去注意圓圈裡有些什麼。注意色彩、紋理、光影。注意靜止的一切，像是石頭、樹葉、泥土顆粒；或許它們在被人注意到之前，早已等待了億萬年之久。

接著觀察移動的一切，或許是螞蟻、甲蟲，以及所有會飛的物體。你能與這些生物產生連結嗎？你能跟牠們說話嗎？你跟牠們分享著一種轉瞬即逝的事物，叫做生命。

想像成為一隻螞蟻或蜜蜂會是什麼樣的感覺。牠們跟你一樣，會呼吸、感覺、品嘗、聆聽。當你看著牠們時，牠們可能也在看著你。

差別在於，我們人類可以意識到活著的奇蹟——只要我們停下腳步加以留意。

## 連結你的寵物

動物是我們與大自然之間的橋梁，牠們讓我們看到，我們的生活中缺少了什麼，以及如何更徹底、無條件地去愛自己。牠們讓我們回歸自己真正的面貌，也重新提醒我們來此的目的。

——特麗莎・麥卡格（Trisha McCagh）

當我們放慢腳步並全心專注在寵物身上時，牠們會滿懷感激。與我們所愛的人或動物建立連結，是體驗敬畏的一種方式。

在你心愛的寵物旁躺下來。

緩慢地將你的手或手指伸到牠們的腳爪上。

全心沉浸於這個甜蜜的時刻與溫柔的連結之中。

在那裡躺一會兒，注意你的呼吸。

注意比較牠們的呼吸節奏與你自己的呼吸速度。

與這個不可替代的獨特生物靜靜地共處片刻。

# 連結陌生人

我們對未來最大的希望並不是將全人類視為一家人——那是不可能的。相對地，這樣的希望引導我們覺察是否領悟到這個事實：即使我們無法與遙遠的陌生人感同身受，他們的生命跟我們摯愛之人的生命一樣有價值。

——保羅．布盧姆（Paul Bloom）

排隊可以被視為是你一天當中不受歡迎的干擾，也可以被視為是你激發敬畏時刻的機會。下次排隊時，不妨把它視為是忙碌生活中的一份時空贈禮，並且滿懷感激。

想像從你的心開始呼吸，做個深呼吸，然後開始注意你的周遭。

環顧四周，看看有沒有你可以建立連結的陌生人，或許是排在你後方或前方的人。

讓你自己與隊伍中的另一個人以目光交流片刻，他或她也被贈予了這份時間的禮物。

## 鏡像映射

你在我身上看見的美，只是你自己的倒影。

——魯米（Rumi）

跟一位夥伴靜默地進行這項活動。面對面站立，手掌輕柔互扣，選擇誰要當鏡子、誰要當行動者。

行動者開始移動雙手與手臂，往兩側伸展開來、繞圈、高舉過頭；鏡子則跟隨並反射行動者的所有動作。

開始以舒服自在的速度移動。準備好時，將速度放慢至慢動作。當你的速度慢下來時，注意你與夥伴的連結感如何產生變化；如果你全神貫注於當下，這便是一個激發敬畏的機會。

現在，把速度放得更慢，讓你的動作細微到幾乎無法察覺，然後緩慢地停止動作直到完全靜止，意識到你們之間的連結。

吸氣。等待。呼氣，帶著微笑擴展。

## 摸摸手

有時候，伸出手去牽起某人的手是一段旅程的開始。其他時候，則是允許另一個人來牽你的手。

——維拉．納扎里安（Vera Nazarian）

與一位朋友安靜地坐著。

伸出手，輕柔地將他們的手握在你的手中。

深呼吸，注意你感受到的溫暖、涼爽，以及連結感。

開始去探索這些手，輕輕地觸摸手掌上的每個突起、凹陷的丘谷以及線條。這些手都有其故事，包含了主人迄今為止的生命和生活印記，或許還有對未來的預測。這些手中殘餘著希望與夢想、遺憾與悲傷、愛與失去，但願還有數以百萬計的歡欣時刻。

這些手上的細胞遺傳自地球上最初的人類基因，還包含了數十億年前的星塵元素，延續了發生在它們之前的一切。

現在，把你的手交給你的朋友，讓他們展開屬於自己的一趟旅程。

# 獨樹一幟的標記

今天你就是你，再真實不過了，沒有人能活得比你更像是你。

——蘇斯博士（Dr. Seuss）

每個人都像他們的指紋一樣獨一無二。也都以他們自己獨特的方式度過一生。當你與自己熟悉的人在一起時，注意他們身上顯而易見的獨特之處。喝茶或咖啡時、走路或交談的方式，或是特殊的笑聲。讓你自己專注並欣賞他們令人難忘、充滿魅力、讓人喜愛的一切，從你眼前這個獨一無二的人身上感受敬畏。沒有人能活得比他們更像是他們。

## 注意本質

沒有人能夠完全了解另一個人的本質，除非他愛他。

——維克多・弗蘭克（Viktor E. Frankl）

當你發現自己跟一個沉睡中的人或寵物在一起時，停下來，花片刻時間去注意這個獨特而靜默的存在。

現在，你可以觀察他們，而不被他們的個性分散你的注意力。沒有任何可辨識的動作、言行或是活動可以定義他們。

此時此刻，只有他們沉靜的本質存在。注意你所欣賞、所愛之處。

這可以輕易地成為一個敬畏的時刻。

## 連結一位朋友

如果我們無法去愛，所有其他的靈性教誨皆為徒勞。如果我們無法以最基本而尋常的方式感受快樂，如果我們無法以我們的心去碰觸彼此以及我們被賦予的生命，那麼，即便是最崇高的境界與最卓越的靈性成就，也毫無價值。

——傑克．康菲爾德（Jack Kornfield）

尋找一位想與你分享敬畏時刻的朋友。

背對背坐著，用你的頭輕柔地碰觸他們的頭，閉上雙眼。

開始深呼吸，試著放鬆並感受呼吸。緩和自己並沉浸於當下。

接著，開始讓你的呼吸與你朋友的呼吸同步。

吸氣，擴展你的胸腔，為你的心創造出更大的空間，然後將你呼出的氣息與愛傳送給你的朋友。當你吸氣時，則接受來自他們的愛。

# 目光交會

如果我們要愛我們的鄰人，在做任何其他的事情之前，必須先見過他們。藉著我們的想像力與雙眼，也就是像藝術家一樣，必須看見的不僅是他們的臉，還有臉上以及臉龐背後的生命。我們看見他們的畫面，就是愛。

——弗雷德里克·布希納

凝視一位朋友或摯愛之人的雙眼。花點時間去留意，而不只是去看。想像這個人的過去。所有的愛與失落、喜悅與失望、恐懼與成就，都寫在他們的臉上，並反映在他們眼中。深吸一口氣，敞開心扉，理解並愛他們原本的面貌，以及他們可能想成為的一切。

## 握手

昨晚我醒來，有人緊緊握住我的手——那是我的另一隻手。

——威廉・柏洛茲（William S. Burroughs）

下次當你伸手去找另一個人的手時，不論是為了握手還是手牽手散步，不妨更有意識地這麼做。

首先，注意你想與他人連結的渴望。接著，當你的手朝另一個人伸出時，將注意力放在你的手上。

當你的手接觸到另一隻手時，注意他們的皮膚是溫暖、還是涼爽的，從他們的緊握中感受到的壓力是強烈、還是溫和的，以及建立這樣的連結時所感受到的情感。

全心沉靜於這個尋常的小活動中，可能激發出你的敬畏時刻。

# 14

# 概念上的敬畏

當我們想像一個想法或概念可以擴展我們的視野，甚至可能到令人大吃一驚的程度，就會激發出概念上的敬畏。在此，我們在諸多被視為理所當然的生活面向中，尋找奇蹟：關於身體、活著、水、記憶、發明的奇蹟，並且探討諸如變化的恆常性、死亡與瀕死、廣闊無垠，以及改變視野等全面性的廣泛概念。

# 空間

如果你想從頭開始做出蘋果派，你必須先發明宇宙。

——卡爾・薩根（Carl Sagan）

拿起一根人髮。

這根頭髮的寬度約為一百萬個原子。

原子不但微小，原子中百分之九十九點九的空間都是空的。

如果你把組成地球上所有人類的原子之中的空間全部移除，就可以把我們所有人（地球上的每一個人）裝進一顆蘋果之中。

## 想想時間

此時此刻才是最重要的，沒有過去，也沒有未來。時間很容易令人誤解。過去發生的一切，都曾經是現在。我們可以從過去獲取經驗，但無法再活一次；我們可以對未來抱持希望，但不知道它是否存在。

——喬治．哈里森（George Harrison）

觀察時間。這是在所有有紀錄與無紀錄的歷史或未來之中，唯一的一刻；就這一點來說，這一天、這一小時、這一分鐘之中的這一秒鐘，必然會發生。停下來，環顧四周，集中注意力並打開你的感官，別錯失時間長流之中的這一刻。轉瞬之間，這一刻將永遠消失。哎喲，它消失了……那麼，現在這一刻呢？

## 地心引力

他的眼中閃耀著宇宙中最美麗星球的倒影：一個不太熱也不太冷的星球，表面有著液態的水、適合人類生存的地心引力、適合人類呼吸的大氣層，還有山脈、沙漠、海洋、島嶼、森林、樹木、鳥類、植物、動物、昆蟲，以及人類——許許多多的人類，一個充滿生命的地方，而其中有些生命可能是有智慧的。

——史蒂芬．霍金（Stephen Hawking）

除非察覺到地震，否則你不會感覺地球在你腳下移動——即使地球是以每小時一千英里的速度旋轉，並以每小時大約六萬七千英里的速度繞著太陽公轉。為什麼我們不為了珍貴的生命把自己固定住？為什麼我們感覺不到地球的運動？答案就是地心引力。事實是，就像搭乘汽車一樣，我們搭上了地球之車。

地球的巨大質量與我們身體的重量，創造出彼此之間的引力；我們愈重，引力就愈強，想從地面跳躍到空中就愈發困難。

我們有重量是因為我們與地球的連結，而地球沒有重量是因為當它環繞太陽公轉時，是處於自由落體的狀態。

# 水的贈禮

我們確實擁有太陽系中最美麗的星球，沒有其他星球可以維持我們所知的這一切生命，也沒有其他星球擁有藍色的水域與雪白的雲朵，可以覆蓋住豐富多彩的大片陸地，而這些陸地上，滿是如人類般欣欣向榮的美麗生物。

——蘇妮塔．威廉斯（Sunita Williams），太空人

給自己倒一杯水，全神貫注於這杯清澈液體。啜飲一小口並吞下，注意這口水滑下喉嚨的感覺；接著，想想關於我們所喝的水有幾項值得注意的事實：

據估計，地球上有三點二六億兆加侖的水。

大部分的水最初是來自彗星與小行星。

在一百年當中，一個水分子會待在海洋九十八年、待在冰中二十個月、在湖泊與河流中大約兩週、在大氣層中不到一週，然後透過降雨來提供你所飲用的水。

如今，地球上的水量與它形成時相同。因此你現在所喝的水，可能含有六千六百萬年前一頭恐龍喝過的水分子！

# 看雲

今天早晨做完瑜伽之後，我躺在草地上，看著白雲隨地球的緩慢轉動而徐徐飄過。這真是最美麗的一件事了，我哭了起來。

——埃里卡·B（Erika B.）

你是否曾經久久駐足，觀察雲朵在天空中的移動？

但是，雲到底是什麼？

雲這個字源自古英語，指的是天空中的一團水。這就是雲，而且是一團沉重的水，由小水滴或冰晶組成。

積雲的平均重量超過一百萬磅。漂浮在空中的一百萬磅。而一場大雷雨的重量可能就超過了十億磅。

想像一下：外太空的水汽雲層容納的水量，是整個地球表面水量的一百萬億倍。

## 對虛無的敬畏

如果生命會說話，那麼靜默，就是仔細傾聽生命所說的話……靜默喚醒我們去意識到那些蘊藏於萬物之中的課題，就在我們眼前，等待我們去發現。

——艾瑟爾・M・杜（Ethel M. Do）

物理學家在二〇一三年時齊聚一堂，討論是否真有「虛無」存在。他們一致認為，空無一物的空間並非真的虛無，黑暗、空洞的空間中仍有某種事物存在。一位物理學家認為，有一種更深沉的虛無，其中完全沒有任何空間、時間、粒子、場、自然法則的存在。

沉思是一種更深沉的虛無。但什麼都不做（無），仍然是我們所「做」的事。如果什麼都不做只是「保持」靜默不動，放空心智、不去思考，全然專注於當下——這樣我們能說是什麼都不做嗎？

試著「保持」靜默，什麼都不「做」。思緒、念頭之間的空白間隙可能會讓人感受深刻而難忘。

## 彩虹

在一個完美的世界中，人類應該像彩虹一樣和諧共處。豐富多彩的彩虹，每一層皆色彩鮮明、充滿生氣、自成一格；在一起時卻又和諧呈現、廣無邊際、精微神聖、美得令人屏息。

——瑪麗亞・凱莉（Mariah Carey）

想像你沿著高速公路行駛，突然之間，鋪好的路面成了泥地；這時，你的車子可能會打滑、減速，並且改變方向；這就是當陽光照射到雨滴時會發生的情況，陽光會減速並改變方向。

隨後，這些在雨滴中打滑的光波會反射出來，形成彩虹的色彩，並總是以相同的順序排列：紅色在頂端、紫色在底端，其他顏色則排列在中間。

如果出現了兩道彩虹，那麼第二道彩虹的色彩會以相反的順序排列。

彩虹的形狀其實是圓形而非弧形，雖然我們只能看見它的上半部；但若能從飛機上或高山之巔觀察彩虹，就能看見它完整的圓形。

還有一種更罕見的彩虹稱為月虹，是夜間來自折射的月光所形成的彩虹，地球上只有七個地方可以看見月虹。

當太陽在我們的後方、雨滴落在我們的前方時，我們才看得到彩虹。而且，沒有兩個人會看見一模一樣的彩虹。

因此，你是宇宙中唯一的一個人，能看見你所看見的這道彩虹。

# 我們的身體

人體的每一個細胞都會在七年之中自我更新。這意味著現在的你，全身上下沒有一丁點是屬於七年前的你。

——史蒂芬・霍爾（Steven Hall）

翻開你的手，讓雙手掌心向上，找出一條手腕上的靜脈。注意，如果你把身體中的血管全都延展開來、首尾相連，長度幾乎可以環繞地球三圈。

現在，做個深呼吸，讓你的肺部充滿空氣，想像一下：

如果我們測量你肺部的表面積，將等同於一座網球場的大小。

如果我們讓你的小腸延展開來，大約長達二十三英尺。

如果我們考量到你頭上平均約有十萬根的頭髮，然後測量你一生中生長出來的所有頭髮總長度，大約為四百五十英里。

如果我們計算你活到七十歲的心跳次數，你的心臟平均會跳動二十五億次。

你這個令人敬畏的身體中有著數兆個細胞，每個細胞都有它自己的大腦，稱為DNA，而每個細胞都保存著宇宙的完整故事以及每個人的過去與未來。

## 連結繁星

仰望星空，而非俯視腳下。試著理解我們眼前所見，並驚異於是什麼使得宇宙存在。保有你的好奇心。

——史蒂芬・霍金

在一個晴朗、繁星點點的夜晚，帶一條毛毯到戶外，最好找個光害較少的地方，然後仰躺下來。

閉上雙眼片刻，深呼吸。

睜開雙眼，聚焦在一顆明亮的星辰上；接著，在不移動雙眼的情況下，擴展你的視野並將整個天空納入眼簾。

你正注視著一個浩瀚無垠的星系，也就是我們的銀河系，由超過十億顆的星辰組成。自人類有史以來，這就是人們在每個清澈無雲的夜晚所見到的景象。

我們知道除了銀河系之外，至少還有一百個星系存在。宇宙無限遼闊、無邊無際，你所看到的星系以及所有更遙遠的星系，都在不斷地往外膨脹、擴展，並且很可能永遠在太空中不斷地膨脹、擴展。

這意味著，自宇宙大爆炸以來，行星與恆星仍然不斷拉移、遠離彼此；就像一條膨脹隆起麵包上的葡萄乾，葡萄乾周圍的空間不斷擴大。宛如這些星辰，葡萄乾之間的距離也愈來愈遠。

吸入浩瀚無垠，等待，呼氣，然後讓自己與星辰一起往外擴展。

同一時間，你可能感覺既渺小又偉大，並與萬物相互連結。

# 你在哪裡？

每個人內在都有一點太陽與月亮，都有一點男人、女人、動物，也都有黑暗與光明。每個人都是相互連結宇宙系統的一部分，內在有一部分的大地與海洋、風與火，還漂浮著些許鹽與塵埃。我們內在有個模擬外在宇宙的宇宙。

——蘇希・卡塞姆（Suzy Kassem）

你坐在一個遙不可及的星球上。
以每小時大約一千英里的速度旋轉。
漂浮在無始無終的虛空之中。
明天，你會在哪裡？
坐在一個遙不可及的星球上。
以每小時大約一千英里的速度旋轉。
漂浮在無始無終的虛空之中。

# 結語 A・W・E・的未來

本書一開始時我們就承認，當碰巧發現一條通往超越的捷徑時，感覺尷尬。但就像我們使用電腦鍵盤時倚賴的快捷鍵，A・W・E・開啟了一連串神經與生理的運作金鑰，可提升意識、改善人際關係，並促進療癒、幸福安康以及個人成長，是一條值得採行的捷徑。

擁有足夠練習時，A・W・E・可產生累積效應，不久之後，會在最意想不到的時候體驗到自發性的敬畏時刻。這不僅令人愉快，效力更是強大。

我們可以感受到自己十分顯著的轉變，之於健康與福祉、反應、態度、對待人們與情境的方式。這顯示出腦細胞正在建立新的迴路，以及我們正在將往往轉瞬即逝的敬畏狀態轉變為一種固定的特質，亦即身而為人的一部分本質。

然而，A・W・E・方法不僅是一種自助技巧，敬畏的影響遠遠超出了個人轉變。敬畏觸及了一切，或許最顯著的一點是它對其他人的影響。我們生來就有能力調適自己去適應他人的行為與情緒，神經系統能感知周遭人們的情感，就像接受溫暖的微笑可以點亮我們的心情。當我們感受敬畏時，周遭的人也會感受到它。敬畏深具感染力。因此，練習A·W·E·方法是我們可以貢獻世界的一個不容小覷的方式。

本書介紹了A·W·E·方法如何以科學為基礎，以及大量的科學研究如何證實敬畏可以改變生活。透過簡易練習所產生的力量，得出一個令人鼓舞的重磅結論：如果有足夠多人、足夠頻繁地練習（可說是一種群聚效應），每個人都會體驗到一種意識上顯著提升的轉變。

**敬畏改變我們，而當我們分享敬畏時，我們改變了世界。**

我們怎麼可能對某人感到敬畏，卻又為他們帶來肉體或情感上的傷害？

我們怎麼可能對大自然感到敬畏，卻又去破壞它？

我們怎麼可能對生命本身感到敬畏，卻又不把每一天都視為奇蹟般地生活？

在敬畏的情感中，所有對話的基調（從個人性質到政治性質）都會從各自的盤算與意圖，轉變成開放與好奇。這樣的對話會影響撫養子女、幫助年邁雙親、對待配偶、參與社區、指導或督導人們、治理城市，以及領導國家的方式。

我們想不出練習A·W·E·方法有任何壞處，因為即便是在黑暗時刻，敬畏就是光——對大自然與不同文化的欣賞與感謝、渴望探究的開放心智、慷慨大方且樂於付出的靈魂。如今，我們比以往任何時候都更需要敬畏。

在你日常生活中的尋常時刻，敬畏等待著你去發現，並且環繞在你的周遭。就像欣賞夜空中繁星點點的美景，敬畏毋須任何花費而且唾手可得：專注在某件你所珍視、欣賞、驚歎的事物上，然後等待，接著呼氣與擴展、進入無限而永恆的敬畏之中。

# 謝辭

首先要感謝合著者與研究人員凱倫．切爾尼亞耶夫（Karen Chernyaev）幫助我們發現並述說敬畏的故事。凱倫的技巧、堅持不懈的毅力以及對整個過程的信心，讓我們對這本書深以為傲。她全心參與這項計畫，為了獲取第一手經驗，也參加了一場為期二十一天的敬畏課程，並且在撰寫本書時仍然持續練習，這成了她個人的一項實踐。希望她能從我們的合作中受益，正如我們從與她的合作中獲益良多。

從計畫的第一天起，漢娜．伊格爾就是我們探索A．W．E．的合作夥伴，她設計出實用的敬畏練習，幫助我們與讀者在日常中體驗敬畏。她擁有體現概念、並予以具體化呈現的天賦，讓人們知道如何將心智的構想轉變為可感受的感官，並使其成為更個人化、更強大、更能持續發展的體驗。

倘若沒有達契爾．克特納的熱情支持與指導，我們的研究無法成形。在認識到A．W．E．方法論的重要性之前，達契爾早已洞察了這項事實，並深信A．W．E．可以被用來做為一項醫療的介入措施。達契爾是敬畏研究領域最重要的專家之一，他極關切如何幫助人們找到方法以認識敬畏，並翱翔其中。他給了我們自由飛翔的翅膀，為此，我們永遠感激。

Park & Fine文學社（Park & Fine Literary Agency）的文學經紀人賈德麗・布拉迪克斯（Jaidree Braddix）以敏銳的洞察力與阿羅哈精神（編註：在夏威夷，阿羅哈精神是一種與人為善，和平與合作，島民與土地信仰和睦共存的精神）引導我們完成了這趟旅程。樺榭出版公司（Hachette Publishing）的團隊則包括了聰明、有趣、深具洞察力的編輯蕾妮・塞德利亞爾（Renée Sedliar），還有出版商瑪麗安・那不勒斯（Mary Ann Naples）、合作出版商蜜雪兒・艾麗（Michelle Aielli）、行銷總監麥可・巴爾斯（Michael Barrs）、公關人員莎朗・昆茲（Sharon Kunz）、行銷經理奎因・法瑞爾（Quinn Fariel）、資深製作編輯兼專案經理西恩・莫羅（Sean Moreau）、製作協調與設計艾美・奎因（Amy Quinn）、封面設計特麗・西爾瑪（Terri Sirma）、文案編輯克里斯汀娜・帕萊亞（Christina Palaia）、校對洛麗・路易斯（Lori J. Lewis）與安妮・查塔姆（Annie Chatham），以及索引編製羅比・格蘭特（Robie Grant）。

加州大學柏克萊分校研究生費莉西亞・澤瓦斯（Felicia Zerwas）、蕾貝卡・科羅娜（Rebecca Corona）、奧茲格・烏古魯（Ozge Ugurlu）以及瑪麗亞・蒙羅伊（Maria Monroy）孜孜不倦地幫助我們設計並進行加州大學柏克萊分校／北灣醫院（NorthBay Hospital）的研究，並在過程中支持我們和參與者，同時辛苦地處理所有的數據資料以撰寫基於實證的論文，如實記錄並傳達我們的研究結果。

感謝瑞克・漢森、柯克・施奈德、賈德森・布魯爾（Judson Brewer），他們皆為各領域中的專家，不吝花時間與我們一起研究，幫助我們加深對正念、敬畏以及神經科學的理解。

感謝大衛・漢斯科姆醫學博士，他欣然接受我們加入每週一次的Zoom線上會議，那是他在過去兩年中精心規畫的動態療癒討論小組會議。這個小組的重點在於讓醫生、研究人員、科學家、心理學家以及學者分享彼此的想法，旨在改善我們的醫療照護體系並找出因應慢性疾病的新方法；該小組依據的是史蒂芬・波格斯的創新理論，他創立了多重迷走神經理論。除了大衛與史蒂芬，還要感謝所有成員所提供的意義非凡之指導，特別是蘇・卡特、托爾・瓦格、霍華德・舒賓納（Howard Schubiner）、艾倫・戈登、D・R・克勞森以及萊斯・艾瑞亞（Les Aria）。

一路走來，我們受益於許多人的引領指點與不吝付出。凱瑟琳・里弗斯（Katharine

Rivers）、麥克．邦德蘭特（Mike Bundrant）、肖娜．夏皮羅（Shauna Shapiro）、生命意識組織的成員、加州大學柏克萊分校／北灣醫院敬畏研究（UCB/North-Bay Awe Study）的參與者、黛布．達娜（Deb Dana）、坎頓．貝克（Canton Becker）、奧莉薇亞．西伊（Olivia Seay）、艾拉娜．贊維爾（Aylana Zanville）以及麥可在加州戴維斯創立的冥想團體成員，感謝你們。

我們兩人（傑克與麥可）就像大部分的創新者般，採摘著別人種下的種子所長出的果實。傑克主要的指導者是約翰．威爾、喬伊絲．威爾以及尼爾森．辛克（Nelson Zink）；倘若沒有他們的慷慨大方，我們不可能有如此豐盛的收穫。麥可的指導者則來自靈岩冥想中心，尤其是瑞克．漢森、拉比格雷格．沃爾夫（Rabbi Greg Wolf）、瑞克．福斯特以及羅傑．沃爾什（Roger Walsh），他們在這趟旅程中始終提供激勵與支持；而這還只是麥可做為醫師與正念教師的漫長旅程中，眾多導師中的一小部分。

最後，我（傑克）要感謝麥可．阿姆斯特與我合作完成這項計畫，將我從半退休狀態中拉出來，進行人生階段中意義重大的一件事。本書提供了一個機會，得以分享我們的導師傳承予漢娜與我的心理模式與實用工具，以及我們所開發出來的其他工具，最終成就出發展A．W．E．的非凡成果。

正是麥可的能力開啟了這扇大門，連結起對的人，讓這一切能在轉瞬之間、而非數月之久便成真，開花結果。我們的同心齊力，使得書中的工具能為更多人所運用。我希望這些工具能幫助人們減輕情感的痛苦，同時提升他們的意識、對話以及心靈。感謝你，麥可。

而我（麥可）想對我十六年的導師傑克表示謝忱。我希望這項計畫能讓更多人認識你與漢娜那些充滿新意、鼓舞人心的方法，幫助他們實現自己的潛能。你在之前所累積的研究成果，不但為此書提供了基礎與框架，更幫助我們了解為何敬畏是如此強大的情感，以及我們可以在何時、何地、與誰一起鍛鍊我們的敬畏肌肉。我逐漸領悟到，你所致力的一切就是幫助人們發揮他們的潛能，感謝你也幫助我更接近了我的潛能。

# 本書讚譽

「在這本深具洞察的書中，傑克・伊格爾與麥可・阿姆斯特介紹了他們的A・W・E・沉思法如何提升人們對於敬畏與驚異的日常感受，而這項方法在壓力緊繃與創傷累累的COVID-19大流行期間得到了測試。這本充滿原創性的書提供了一條新的途徑，讓我們得以享受更有意義、充滿敬畏的生活，並鼓舞我們張開雙眼去發現周遭令人驚歎的人事物。」

——達契爾・克特納（Dacher Keltner）博士，加州大學柏克萊分校心理學教授，著有《AWE：日常奇蹟的新科學以及它如何改變你的生命》（*AWE: The New Science of Everyday Wonder and How it Can Transform Your Life*）

「在各種冥想學科的寶庫中，正念扮演著不可或缺的角色；A・W・E・提供了一個切入點，讓我們得以開始探索這些人類非凡潛力的領域，並提醒我們一天中多次窺見微小幸福的那股轉變力量。希望閱讀本書能夠鼓舞你繼續探索並發現深刻冥想教義的廣袤領域，而正念只是其中的核心要素之一。」

——喬爾・李維（Joel Levey）與蜜雪兒・李維（Michelle Levey），「工作的智慧」（Wisdom at Work）創辦人，著有《正念、冥想、心智健康》（*Mindfulness, Meditation, and Mind Fitness*）以及《平衡生活：在複雜中茁壯成長的正念指南》（*Living in Balance: A Mindful Guide for Thriving in a Complex World*）

「如果你曾對冥想或正念感到好奇，但始終苦無時間練習，那麼，本書正是為你而寫。本書橋接起左腦與右腦（將故事與數據天衣無縫地結合在一起），並提供了改善健康、創造湧泉般內在平靜的簡單步驟。雖然我通常對這類『三個簡單步驟即可……』的解決方案極為存疑，但我相信本書作者的研究與真實性，以及他們所呈現的實用故事與科學。」

——妮娜．西蒙斯（Nina Simons），作家、演講者和「生物前鋒」（Bioneers）的共同創辦人

「A．W．E．方法是過上充滿豐足與神聖喜樂、愛、奇蹟的光輝生活之祕訣。書中伊格爾與阿姆斯特分享了一種新穎的方法，結合永恆的智慧，立刻為你創造出最棒的生活！」

——雪莉．尼可斯（Sherri Nickols），「神聖之愛機構」（The Divine Love Institute）的創辦人與執行長，著有《四十歲後性感又閃亮》（*Sexy and Sparkling after 40*）

「在本書的每一頁中，作者們都提醒了我，我的內在早已有一項可以讓我感覺更好的工具。當我感到敬畏時，即使只是渺小的事物，感知也會隨之擴展；而不論我正在掙扎、糾結什麼，也不再那麼痛苦難當了。本書清楚易懂，汲取自人們的第一手故事，流暢地切換至對敬畏體驗進行科學研究的精采詮釋。這是一本理解我們最原始情感的手冊，應當做為一份致贈予所有青少年的成年禮。」

——斯凱．尼爾森-艾薩克斯（Sky Nelson-Isaacs），著有《躍入完整》（*Leap to Wholeness*）

「在這心理與精神健康成為全球性議題之際，本書來得正是時候；作者們累積了包羅萬象且令人印象深刻的研究成果、科學成就、臨床經驗，以及數十年的熱情探索與生活體驗，以一種讀者可以完全理解的方式綜合呈現，卻又不損其背後的學術研究成果。任何人隨時隨地皆可練習這項簡單卻強大有效的方法，我向全世界各地的無數讀者強烈推薦本書，並肯定他們將從書中的訊息與練習中獲益良多。

**本書不僅能讓我們個人與全體都不再受苦，更為我們得以觸及更深層的人性以及更充實而滿懷敬畏的生活，提供了可能性。」**

——瑪莉安娜・卡普蘭（Mariana Caplan）博士、婚姻及家庭治療師（MFT）、精神治療師，著有《大開眼界》（*Eyes Wide Open*）以及《瑜伽與心靈》（*Yoga & Psyche*）

「伊格爾與阿姆斯特的A・W・E・方法是一項非凡的技巧，綜合我們對正念、生物化學、神經科學以及心理學的全景式理解，並將其轉化為純粹且有意識的專注聚焦，重新設定我們感受的方式並敞開我們的心智，以連結他人以及自己內在的清晰思緒。在大量科學實證的支持下，這項方法的基本原則不但易於理解，而且讓任何想改善生活的人都能迅速上手。我強烈推薦本書。」

——瑞克・福斯特（Rick Foster），著有《我們如何選擇快樂》（*How We Choose to Be Happy*）

「這部前所未有的作品向讀者介紹了微劑量正念的巧妙實踐。傑克與麥可是明智且值得信賴的嚮導，他們清晰而自信地解釋其研究的科學以及影響：汲取客戶與自身生活的實例，藉此引導讀者一步步熟悉這項簡單得不可思議、卻又極其深奧的技巧。這本精采的書，將徹底改變我們對正念的看法。」

——席本・塞拉西（Sebene Selassie），作家與教師，著有《你屬於：連結的尋求》（*You Belong: A Call for Connection*）

「這本非凡之書極為罕見地結合了兩種表面上看似截然不同的敬畏看法，亦即我稱之為『快煮』與『慢燉』的兩種觀點。作者們敏銳地認知到，如果一個人想累積這種珍貴情感的豐富寶藏並享受它所帶來的終身益處，這兩種觀點皆為不可或缺。藉由隨時感受敬畏的實用方法以及有關存在的敏銳洞察，本書帶領我們朝復甦的意識（revitalized consciousness）邁進了一大步，而這樣的意識正是我們現今所亟需。」

——柯克．J．施奈德（Kirk J. Schneider）博士，著有《敬畏覺醒》（*Awakening to Awe*）、《敬畏的靈性》（*The Spirituality of Awe*）以及《美國的去極化：社會療癒指南》（*The Depolarizing of America: A Guidebook for Social Healing*）

「充滿原創性的精采詮釋，深具說服力地說明了：敬畏確實強大有力，它能抑制打或逃反應、激活副交感神經狀態以增強平靜與放鬆的感受，這是身心的挑戰與干擾都能得到有效療癒的唯一狀態。」

——史蒂芬．波格斯（Stephen Porges）博士，多重迷走神經理論（Polyvagal Theory）開創者

「適合親子運用的一部抗焦慮教戰手冊，這項簡單的A．W．E．方法用最自然的方式來幫助焦慮社會扭轉局勢：告訴我們如何感受、運用敬畏，這種情感是我們與生俱來的權利，讓自己處於一種更容易獲取資源的狀態。以抗焦慮工具箱來說，A．W．E．是一項不可或缺的補充法。」

——艾莉森．埃斯卡蘭特（Alison Escalante）醫學博士、美國兒科學會會員（FAAP）、兒科醫生、「嘆息、看見、開始」（Sigh, See, Start）育兒法發明者、拉什大學（Rush University）拉什醫學院（Rush Medical College）兼職教員

「將所有偉大宗教傳統的智慧與現代心理學的洞察，融為一體，為所有人帶來療癒。」

——傑克．里默（Jack Riemer）拉比，著有《在意想不到的地方找到上帝》（*Finding God in Unexpected Places*）

「A·W·E·比精神藥物更安全、也可能更有效，亦比冥想更簡單易行。我認為A·W·E·對愛的生物學所施加的微劑量，提供了一種簡易、免費而有效的方法。」

——蘇·卡特（Sue Carter），印第安納大學金賽研究所（The Kinsey Institute）科學家

「本書引導我們去發現日常生活中多不勝數且不可思議的敬畏時刻，讓我們知道如何學習取用自身周遭的療癒良藥。」

——克里斯多福·霍布斯（Christopher Hobbs）博士、執照針灸師（LAc），著有《藥用蘑菇：基本指南》（*Medicinal Mushrooms: The Essential Guide*）

「深入探討如何在心智中構建世界，邀請我們特意培養敬畏情感以平息心智中喋喋不休的猴子，同時緩解焦慮、憂鬱以及孤獨的感受。」

——托爾·瓦格（Tor Wager），達特茅斯學院（Dartmouth College）戴安娜·泰勒（Diana L. Taylor）傑出神經科學教授

「傑克與麥可的出色指導，賦予了我們在日常生活、平凡事物中發現敬畏的能力，擺脫對經驗命名、分類的篩選與過濾，代之以更容易接受的開放心態，重新喚醒心智，並領略生命的雄偉與壯闊。」

——丹尼爾·J·西格爾（Daniel J. Siegel），醫學博士，《紐約時報》暢銷書《內連：Mwe（我＋我們）做為自我、認同、以及歸屬感的整體》（*Mwe*（*Me*＋*We*）*As the Integral of Self, Identity, and Belonging*）作者

「我愛這本書！直接、有力、真誠，以科學為依據。坦白說，我對作者提供的深刻實踐深感敬畏，它不啻是一顆珍寶。」

——瑞克・漢森博士，加州大學柏克萊分校至善科學中心（Greater Good Science Center）資深研究員、《紐約時報》暢銷書作者

「一本強大、實用，以科學為基礎的好書，告訴我們每天、隨時隨地激發敬畏情感，對健康與福祉來說是多麼地必要。一種令人耳目一新、與眾不同的方法。」

——賈德森・布魯爾醫學博士，《紐約時報》暢銷書《鬆綁你的焦慮習慣》作者

「展現掙脫慢性身心痛苦的療癒精髓與本質。我見證了成千上百名病患運用這些概念擺脫了痛苦，對伊格爾與阿姆斯特的成果深感敬畏。」

——大衛・漢斯科姆醫學博士，《重獲掌控：擺脫疼痛的外科醫生指南》（*Back in Control: A Surgeon's Roadmap Out of Chronic Pain*）

「有兩種生活方式：一種是相信沒有任何一件事是奇蹟，另一種則是相信每一件事都是奇蹟。奧祕，是我們所能經歷的最美妙事物，也是一切真正的藝術與科學之源。人若未能領會這樣的感受、不再駐足驚歎、或不起敬畏之心，猶如雙目緊閉，與死無異。」

——阿爾伯特・愛因斯坦（Albert Einstein）

# 註釋


1 Sarah Mervosh, Denise Lu, and Vanessa Swales, "See Which States and Cities Have Told Residents to Stay at Home," *New York Times*, updated April 20, 2020, https://www.nytimes.com/interactive/2020/us/coronavirusstay-at-home-order.html.

2 Michael Daly, Angelina R. Sutin, and Eric Robinson, "Longitudinal Changes in Mental Health and the COVID-19 Pandemic: Evidence from the UK Household Longitudinal Study," *Psychological Medicine* (November 2020): 1–10, https://doi.org/10.1017/S0033291720004432.

3 Paul K. Piff and Jake P. Moskowitz, "Wealth, Poverty, and Happiness: Social Class Is Differentially Associated with Positive Emotions," *Emotion* 18, no. 6 (2018): 902–905, https://doi.org/10.1037/emo0000387.

4 Marshiari M.，對作者的調查回應，二〇二一年十月二十五日。

5 安琪拉（化名）寫給作者們的電子郵件，二〇二二年一月五日。

6 Michelle N. Shiota, Dacher Keltner, and Oliver P. John, "Positive Emotion Dispositions Differentially Associated with Big Five Personality and Attachment Style," *Journal of Positive Psychology* 1, no. 2 (2006): 61–71, https://doi.org/10.1080/17439760500510833.

7 丹尼絲（化名）寫給作者們的電子郵件，二〇二二年二月二十二日。

8 Saloni Dattani, Hannah Ritchie, and Max Roser, "Mental Health," Our World Data, published April 2018, last modified August 2021, https://ourworldindata.org/mental-health; Syed Mustafa Ali Shah et al., "Prevalence, Psychological Responses and Associated Correlates of Depression, Anxiety, and Stress in a Global Population, During the Coronavirus Disease (COVID-19) Pandemic," *Community Mental Health Journal* (October 27, 2020): 1–10, https://doi.org/10.1007/s10597-

020-00728-y.

9 Debra J. Brody and Qiuping Gu, “Antidepressant Use Among Adults: United States, 2015–2018,” *NCHS Data Brief* No. 377, September 2020, https://www.cdc.gov/nchs/products/databriefs/db377.htm.

10 Omar A. Almohammed et al., “Antidepressants and Health-Related Quality of Life (HRQoL) for Patients with Depression: Analysis of the Medical Expenditure Panel Survey from the United States,” *PLoS One* 17, no. 4 (April 20, 2022), https://doi:org/10.1371/journal.pone.0265928.

11 Clara Strauss et al., “Mindfulness-Based Interventions for People Diagnosed with a Current Episode of an Anxiety of Depressive Disorder: A Meta-Analysis of Randomized Controlled Trials,” *PLoS One* 9, no. 4 (April 24, 2014): e96110, https://doi.org/10.1371/journal.pone.0096110; Robyn Della Franca and Benjamin Milbourn, “A Meta-Analysis of Mindfulness Based Interventions (MBIs) Show that MBIs Are Effective in Reducing Acute Symptoms of Depression but Not Anxiety,” *Australian Occupational Therapy Journal* 62, no. 2 (April 2015): 147–148, https://doi.org/10.1111/1440-1630.12198.

12 Jacob Piet and Esben Hougaard, “The Effect of Mindfulness-Based Cognitive Therapy for Prevention of Relapse in Recurrent Major Depressive Disorder: A Systematic Review and Meta-Analysis,” *Clinical Psychology Review* 6 (August 31, 2011): 1032–1040, http://doi.org/10.1016/j.cpr.2011.05.002.

13 娜塔莉（化名）寫給作者們的電子郵件，二〇二二年二月二十三日。

14 Alice Chirico and Andrea Gaggioli, “The Potential Role of Awe for Depression: Reassembling the Puzzle,” *Frontiers in Psychology*, April 26, 2021, https://doi.org/10.3389/fpsyg.2021.617715.

15 安德里亞・加喬利（Andrea Gaggioli）寫給麥可的電子郵件，二〇二一年十月十九日。

16 Natalie M. Golaszewski et al., “Evaluation of Social Isolation, Loneliness, and Cardiovascular Disease Among Older Women in the US,” *JAMA Network Open* 5, no. 2 (February 2, 2022): e2146461, http://doi.org/jamanetworkopen.2021.46461.

17 Julianne Holt-Lunstad, Timothy B. Smith, and J. Bradley Layton, “Social Relationships and Mortality Risk: A Meta-Analytic Review,” *PLoS Medicine*, July 27, 2010, https://doi.org/10.1371/journal.pmed.1000316.

18 Jacob Sweet, “The Loneliness Pandemic,” *Harvard Magazine*, January–February 2021, https://www.harvardmagazine.

com/2021/01/feature-the-loneliness-pandemic.

19 Yang Bai et al., "Awe, the Diminished Self, and Collective Engagement: Universals and Cultural Variations in the Small Self," *Journal of Personality and Social Psychology* 113, no. 2 (May 2017), https://doi.org/10.1037/pspa0000087; Patty Van Cappellen and Vassilis Saroglou, "Awe Activates Religious and Spiritual Feelings and Behavioral Intentions," *Psychology of Religion and Spirituality* 4, no. 3 (2012): 223–236, https://doi.org/10.1037/a0025986.

20 Jayaram Thimmapuram et al., "Heartfulness Meditation Improves Loneliness and Sleep in Physicians and Advance Practice Providers During COVID-19 Pandemic," *Hospital Practice* 49, no. 3 (August 2021): 194–202, http://doi.org/10.1080/21548331.2021.1896858.

21 艾絲黛兒（化名）寫給作者們的電子郵件，二〇二二年十一月二日。

22 Christopher Cheney, "Expert: Healthcare Worker Burnout Trending in Alarming Direction," Healthleaders, December 15, 2021, https://www.healthleadersmedia.com/clinical-care/expert-healthcare-worker-burnout-trending-alarming-direction; "The Mental Health Impact of COVID-19 Pandemic on U.S. Healthcare Workers, First-Responders," News Medical Life Sciences, last reviewed December 16, 2021, https://www.news-medical.net/news/20211216/The-mental-health-impact-of-COVID-19-pandemic-on-US-healthcare-workers-first-responders.aspx; Anupam Das et al., "A Study to Evaluate Depression and Perceived Stress Among Frontline Indian Doctors Combating the COVID-19 Pandemic," *Primary Care Companion for CNS Disorders* 22, no. 5 (October 8, 2020), http://doi.org/10.4088/PCC.20m02716; Sara Berg, "Half of Health Workers Report Burnout Amid COVID-19," American Medical Association, July 20, 2021, https://www.ama-assn.org/practice-management/physician-health/half-health-workers-report-burnout-amid-covid-19.

23 Kriti Prasad et al., "Prevalence and Correlates of Stress and Burnout Among U.S. Healthcare Workers During the 22COVID-19 Pandemic: A National Cross-Sectional Survey Study," *eClinicalMedicine*, May 16, 2021, http://doi.org/10.1016/j.eclinm.2021.100879.

24 "The Mental Health Impact of COVID-19 Pandemic on U.S. Healthcare Workers, First-Responders," News Medical Life Sciences, last reviewed December 16, 2021, https://www.news-medical.net/news/20211216/The-mental-health-impact-of-COVID-19-pandemic-on-US-healthcare-workers-first-responders.aspx.

25 Thomas L. Rodziewicz, Benjamin Houseman, and John E. Hipskind, "Medical Error Reduction and Prevention," *StatPearls* (Treasure Island, FL: StatPearls Publishing, January 4, 2022), https://tinyurl.com/4abx4yzn.

26 Molly C. Kalmoe, Matthew B. Chapman, Jessica A. Gold, and Andrea M. Giedinghagen, "Physician Suicide: A Call to Action," *Missouri Medicine* 116, no. 3 (2019): 211–216, https://www.ncbi.nlm.nih.gov/pmc/articles/PMC6690303/.

27 Kathleen Bartholomew, "The Dauntless Nurse: Had Enough Yet? The Latest on Nurse Burnout," *American Nurse*, April 8, 2021, https://www.myamericannurse.com/my-nurse-influencers-the-dauntless-nurse-nurse-burnout/.

28 Christopher Cheney, "Expert: Healthcare Worker Burnout Trending in Alarming Direction," Healthleaders, December 15, 2021, https://www.healthleadersmedia.com/clinical-care/expert-healthcare-worker-burnout-trending-alarming-direction.

29 Maslach Burnout Inventory, https://www.psychosomatik.com/wp-ontent/uploads/2020/03/Maslach-burnout-inventory-english.pdf.

30 Ben Wigert and Sangeeta Agrawal, "Employee Burnout, Part 1: The 5 Main Causes," Gallup, July 12, 2018, https://www.gallup.com/workplace/237059/employee-burnout-part-main-causes.aspx.

31 Lara Pinho et al., "The Use of Mental Health Promotion Strategies by Nurses to Reduce Anxiety, Stress, and Depression During the COVID-19 Outbreak: A Prospective Cohort Study," *Environmental Research* 195 (April 2021): 110828, http://doi.org/10.1016/j.envres.2021.110828.

32 Juliana Kaplan and Andy Kiersz, "2021 Was the Year of the Quit: For 7 Months, Millions of Workers Have Been Leaving," *Insider*, December 8, 2021, https://www.businessinsider.com/how-many-why-workers-quit-jobs-this-year-great-resignation-2021-12; Jay L. Zagorsky, "Are We Really Facing a Resignation Crisis?" World Economic Forum, January 13, 2022, https://www.weforum.org/agenda/2022/01/great-resignation-crisis-quit-rates-perspective/.

33 Paul Piff and Dacher Keltner, "Why Do We Experience Awe?" *New York Times*, May 22, 2015, https://www.nytimes.com/2015/05/24/opinion/sunday/why-do-we-experience-awe.html.

34 "Stress in America 2020: A National Mental Health Crisis," American Psychological Association, October 2020, https://www.apa.org/news/press/releases/stress/2020/report-october.

35 Craig L. Anderson, Maria Monroy, and Dacher Keltner, "Awe in Nature Heals: Evidence from Military Veterans, At-Risk Youth, and College Students," *Emotion* 18, no. 8 (2018): 1195–1202, https://doi.org/10.1037/emo0000442.

36 Melanie Rudd, Kathleen D. Vohs, and Jennifer Aaker, "Awe Expands People's Perception of Time, Alters Decision Making, and Enhances Well-Being," *Psychological Science*, August 10, 2012, https://doi.org/10.1177/0956797612438731; Amie M. Gordon et al., "The Dark Side of the Sublime: Distinguishing a Threat-Based Variant of Awe," *Journal of Personality and Social Psychology* 113, no. 2 (2017): 310–328, https://doi.org/10.1037/pspp0000120.

37 Jennifer E. Stellar et al., "Positive Affect and Markers of Inflammation: Discrete Positive Emotions Predict Lower Levels of Inflammatory Cytokines," *Emotion* 15, no. 2 (April 15, 2015): 129–133, https://doi.org/10.1037/emo0000033.

38 莎莉（化名）寫給作者們的電子郵件，二〇二三年一月十八日。

39 James Dahlhamer, Jacqueline Lucas, Carla Zelaya, Richard Nahin, Sean Mackey, Lynn DeBar, Robert Kerns, et al., "Prevalence of Chronic Pain and High-Impact Chronic Pain Among Adults—United States, 2016," *Morbidity and Mortality Weekly Report*, September 14, 2018, https://www.cdc.gov/mmwr/volumes/67/wr/mm6736a2.htm.

40 John E. Sarno, *Healing Back Pain: The Mind-Body Connection* (New York: Grand Central Publishing, 1991), 32.

41 Alan Gordon with Alon Ziv, *The Way Out: A Revolutionary, Scientifically Proven Approach to Healing Chronic Pain* (New York: Penguin Random House, 2021), 28.

42 Marianne C. Reddan and Tor D. Wager, "Brain Systems at the Intersection of Chronic Pain and Self-Regulation," *Neuroscience Letters* 702 (May 29, 2019): 24–33, http://doi.org/10.1016/j.neulet.2018.11.047.

43 蕾貝卡（化名）寫給麥可的電子郵件，二〇二一年十一月十二日。

44 Roma Pahwa, Amandeep Goyal, and Ishwarlal Jialal, "Chronic Inflammation," *Stat-Pearls* (Treasure Island, FL: StatPearls Publishing, September 28, 2021), https://tinyurl.com/3sj4hkj2.

45 David Roger Clawson et al., "Post Covid-19 Syndrome: Threat versus Safety Physiology" (unpublished paper, July 26, 2021): https://backincontrol.com/wp-content/uploads/2022/07/Post-Covid-19-Syndrome-7.29.22.pdf.

46 Sally S. Dickerson et al., "Social-Evaluative Threat and Proinflammatory Cytokine Regulation: An Experimental Laboratory Investigation," *Psychological Science* 20, no. 10 (2009): 1237–1244, https://doi.org/10.1111/j.1467-9280.2009.02437.x.

47 大衛・羅傑・克勞森（David Roger Clawson）與作者們透過Zoom進行訪談，二〇二二年三月二十二日。

48 Clawson et al., "Post Covid-19 Syndrome."

49 Jennifer E. Stellar et al., "Positive Affect and Markers of Inflammation: Discrete Positive Emotions Predict Lower Levels of Inflammatory Cytokines," *Emotion* 15, no. 2 (April 15, 2015): 129–133, https://doi.org/10.1037/emo0000033.

50 尼爾・卡尼寫給麥可的電子郵件，二〇二二年四月二十二日。

51 Kimberlee D'Ardenne, "Research That Takes Your Breath Away: The Impact of Awe," *ASU News*, January 3, 2019, https://news.asu.edu/20190103-research-takes-your-breath-away-impact-awe.

52 達契爾・克特納與作者們透過Zoom進行訪談，二〇二一年十一月二十四日。

53 Summer Allen, "Eight Reasons Why Awe Makes Your Life Better," *Greater Good Magazine*, September 26, 2018, https://greatergood.berkeley.edu/article/item/eight_reasons_why_awe_makes_your_life_better; Grace N. Rivera et al., "Awe and Meaning: Elucidating Complex Effects of Awe Experiences on Meaning in Life," European Journal of Social Psychology 50, no. 2 (2019): 392–405, https://doi.org/10.1002/ejsp.2604.

54 柯克・施奈德與作者們的訪談，二〇二一年十二月二十四日。

55 Ryota Takano and Michio Nomura, "Neural Representations of Awe: Distinguishing Common and Distinct Neural Mechanisms," *Emotion* 22, no. 4 (2022): 669–677, http://dx.doi.org/10.1037/emo0000771.

56 達契爾・克特納與作者們透過Zoom進行訪談，二〇二一年十一月二十四日。

57 John Muir, Nature Writings: *The Story of My Boyhood and Youth, My First Summer in the Sierra, the Mountains of California, Stickeen, Essays* (New York: Penguin Putnam, 1997), 139.

58 D. M. Stancato and Dacher Keltner, "Awe, Ideological Conviction, and Perceptions of Ideological Opponents," *Emotion* 21, no. 1 (August 12, 2019): 61–72, http://dx.doi.org/10.1037/emo0000665.

59 Libin Jiang et al., "Awe Weakens the Desire for Money," *Journal of Pacific Rim Psychology* (January 1, 2018), https://doi.org/10.1017/prp.2017.27.

60 Melanie Rudd, Kathleen D. Vohs, and Jennifer Aaker, "Awe Expands People's Perception of Time, Alters Decision Making, and Enhances Well-Being," *Psychological Science* 23, no. 10 (August 10, 2012): 1130–1136, https://doi.org/10.1177/0956797612438731.

61 Rutger Bregman, *Humankind: A Hopeful History* (New York: Little, Brown, 2020), 118.

62 Bregman, *Humankind*, 110.

63 Duke University, "Oxytocin Enhances Spirituality: The Biology of Awe," *ScienceDaily*, September 21, 2016, https://www.sciencedaily.com/releases/2016/09/160921085458.htm.

64 Bregman, *Humankind*, 122.

65 V. E. Sturm et al., "Big Smile, Small Self: Awe Walks Promote Prosocial Positive Emotions in Older Adults," *Emotion*, September 21, 2020, Advance online publication, http://dx.doi.org/10.1037/emo0000876.

66 Bethany E. Kok et al., "How Positive Emotions Build Physical Health: Perceived Positive Social Connections Account for the Upward Spiral Between Positive Emotions and Vagal Tone," *Psychological Science* 24, no. 7 (July 1, 2013): 1123–1132, https://doi.org/10.1177/0956797612470827.

67 J. Holt-Lunstad, T. B. Smith, and J. B. Layton, "Social Relationships and Mortality Risk: A Meta-Analytic Review," *PLoS Med* 7, no. 7 (2010): e1000316, https://www.doi.org/10.1371/journal.pmed.1000316.

68 William James, "Chapter XI. Attention," in *The Principles of Psychology* (1890), Classics in the History of Psychology, https://psychclassics.yorku.ca/James/Principles/prin11.htm.

69 Jenny Odell, *How to Do Nothing: Resisting the Attention Economy* (Brooklyn, NY: Melville House, 2019), 120.

70 James, "Chapter XI. Attention."

71 Jason Silva, "Awe," YouTube video, 2:48, May 23, 2013, https://www.youtube.com/watch?v=8QyVZrV3d3o&t=2s.

72 HeartMath, "The Science of HeartMath," https://www.heartmath.com/science/.

73 Marcus Raichle, "What Your Brain Does When You're Doing Nothing," YouTube video, 5:55, January 9, 2019, https://www.youtube.com/watch?v=0r15-Xde66s.

74 ScienceDirect, Default Mode Network page, https://www.sciencedirect.com/topics/neuroscience/default-mode-network.

75 Michael Pollan, *How to Change Your Mind* (New York: Penguin Books, 2018), 260.

76 托爾・瓦格寫給傑克的電子郵件，二〇二一年七月二十六日。

77 托爾・瓦格寫給傑克的電子郵件，二〇二一年七月二十六日。

78 Jennifer M. Mitchell, Dawn Weinstein, Taylor Vega, and Andrew S. Kayser, "Dopamine, Time Perception, and Future Time Perspective," *Psychopharmacology* 235, no. 10 (October 2018): 2783–2793, https://doi.org/10.1007/s00213-018-4971-z.

79 史蒂芬・波格斯寫給傑克的電子郵件，二〇二一年九月一日。

80 Stephen Porges, "Vagal Pathways: Portals to Compassion," in *Oxford Handbook of Compassion Science*, ed. Emma M. Seppälä et al. (New York: Oxford University Press, 2017), 192.

81 珍妮佛（化名）寫給作者們的電子郵件，二〇二一年十月二十三日。

82 Kelly Bulkeley, *The Wondering Brain* (Oxfordshire, UK: Routledge, 2004), 4.

83 Anil Seth, "Your Brain Hallucinates Your Conscious Reality," TED2017, 16:52, April 2017, https://www.ted.com/talks/anil_seth_your_brain_hallucinates_your_conscious_reality/up-next?language=en.

84 Seth, "Your Brain Hallucinates Your Conscious Reality."

85 Tija Ragelien , "Links of Adolescents Identity Development and Relationship with Peers: A Systematic Literature Review," *Journal of the Canadian Academy of Child and Adolescent Psychiatry* 25, no. 2 (Spring 2016): 97–105, https://www.ncbi.nlm.nih.gov/pmc/articles/PMC4879949/.

86 Michael Pollan, "Dissolving the Default Mode Network" (interview with Simulation: Global Enlightenment), YouTube video, 6:27, June 14, 2018, https://www.youtube.com/watch?v=c71BY2RzZjY.

87 Tainya C. Clarke et al., "Use of Yoga, Meditation, and Chiropractors Among U.S. Adults Aged 19 and Over," NCHS Data Brief No. 325, November 2018, https://www.cdc.gov/nchs/products/databriefs/db325.htm.

88 Edward Bonner and Harris Friedman, "A Conceptual Clarification of the Experience of Awe: An Interpretative Phenomenological Analysis," *Humanistic Psychologist* 39, no. 3 (July 2011): 222–235, https://doi.org/10.1080/08873267.2011.593372.

89 柯克・施奈德與作者們透過Zoom進行訪談，二〇二一年十二月二十四日。

90 Willoughby B. Britton, "Can Mindfulness Be Too Much of a Good Thing? The Value of a Middle Way," *Current Opinion in Psychology* 28 (August 2019): 159–165, https://doi.org/10.1016/j.copsyc.2018.12.011.

91 瑞克・漢森與作者們透過Zoom進行訪談，二〇二二年二月一日。

92 珍妮佛（化名）寫給作者們的電子郵件，二〇二一年十月二十三日。

93 Tim Folger, "Does the Universe Exist If We're Not Looking?" *Discover*, June 1, 2002, https://www.discovermagazine.com/the-sciences/does-the-universe-exist-if-were-not-looking. 這是量子力學的基本假設：「觀察」量子物質狀態的「動作」本身，就已經影響或改變量子狀態。因此，觀察者與被觀察者永遠有交互作用或某種關聯性，並不存在「獨立於被觀察世界」的「獨立觀察者」，觀察者和被觀察者因此並無本質上的區別，他（它）們都是互相關聯的宇宙的一部分。（編者註）

94 Folger, "Does the Universe Exist If We're Not Looking?"

95 Folger, "Does the Universe Exist If We're Not Looking?"

96 Pat Croce, *Lead or Get Off the Pot!: The Seven Secrets of a Self-Made Leader* (New York: Fireside, 2004), xiii–xiv.

97 金潔（化名）寫給傑克的電子郵件，二〇二三年三月二十二日。

98 Philip J. Mix, "A Monumental Legacy: The Unique and Unheralded Contributions of John and Joyce Weir to the Human Development Field," *Journal of Applied Behavioral Science* 42, no. 3 (September 2006): 276–299.

99 華特（化名）寫給傑克的電子郵件，二〇二三年三月二十二日。

100 Carl Rogers, *Carl Rogers on Encounter Groups* (New York: Harper & Row, 1970), 11.
101 艾琳（化名）寫給傑克的電子郵件，二〇二一年十一月十日。
102 崔佛（化名）寫給傑克的電子郵件，二〇二一年十月三十一日。
103 Viktor E. Frankl, *Man's Search for Meaning* (Boston: Beacon Press, 2014), 37.
104 Carlo Rovelli, *The Order of Time* (New York: Riverhead Books, 2018), 121.
105 Summer Allen, "The Science of Awe" (white paper for the John Templeton Foundation, Greater Good Science Center, UC Berkeley, September 2018), 35–36, https://ggsc.berkeley.edu/images/uploads/GGSC-JTF_White_Paper-Awe_FINAL.pdf.
106 湯姆（化名）寫給作者們的電子郵件，二〇二二年二月三日。
107 菲莉絲・諾里斯（Phyllis Norris）與麥可的電話訪談，二〇二一年十一月六日。
108 J. E. Stellar et al., "Awe and Humility," *Journal of Personality and Social Psychology* 114, no. 2 (2017): 258–269, https://doi.org/10.1037/pspi0000109.
109 Kyla Rankin, Sara E. Andrews, and Kate Sweeny, "Awe-full Uncertainty: Easing Discomfort During Waiting Periods," *Journal of Positive Psychology* 15, no. 3 (September 18, 2018): 338–347, https://doi.org/10.1080/17439760.2019.1615106.
110 Y. Joye and J. W. Bolderdijk, "An Exploratory Study into the Effects of Extraordinary Nature on Emotions, Mood, and Prosociality," *Frontiers in Psychology* 5 (October 2015), https:// doi.org/10.3389/fpsyg.2014.01577.
111 雪柔（化名）寫給麥可的電子郵件，二〇二一年十一月十二日。
112 Kirk J. Schneider, "Standing in Awe: The Cosmic Dimensions of Effective Psychotherapy," *The Psychotherapy Patient* 11, nos. 3–4 (2001): 123–127.
113 Kirk Schneider, *Awakening to Awe: Personal Stories of Profound Transformation* (Lanham, MD: Jason Aronson, 2009), 79.
114 E. P. Courtney, J. L. Goldenberg, and P. Boyd, "The Contagion of Mortality: A Terror Management Health Model for Pandemics," *British Journal of Social Psychology* 59, no. 3 (2020): 607–617, https://doi.org/10.1111/bjso.12392.

115 伊娃寫給傑克的電子郵件，二〇二一年二月二十一日。

116 Neal Krause and R. David Hayward, "Assessing Whether Practical Wisdom and Awe of God Are Associated with Life Satisfaction," *Psychology of Religion and Spirituality* 7, no. 1 (2015): 51–59, http://dx.doi.org/10.1037/a0037694.

117 秦妮森（化名）寫給作者們的電子郵件，二〇二一年十二月五日。

118 Summer Allen, "The Science of Awe" (white paper for the John Templeton Foundation, Greater Good Science Center, UC Berkeley, September 2018), 21–22, https://ggsc.berkeley.edu/images/uploads/GGSC-JTF_White_Paper-Awe_FINAL.pdf.

119 Allen, "The Science of Awe," 21–22.

120 Paul K. Piff and Jake P. Moskowitz, "Wealth, Poverty, and Happiness: Social Class Is Differentially Associated with Positive Emotions," *Emotion* 18, no. 6 (2018): 902–905, https://doi.org/10.1037/emo0000387.

121 Enna Yuxuan Chen, "Cultural Variations in the Appraisals of Awe" (BA thesis, UC Berkeley, April 2020), https://escholarship.org/content/qt0dh4s9j3/qt0dh4s9j3_noSplash_96ce18233db1b4eed319ae43f3bf341a.pdf?t=qdxe5m.

122 Kirk Schneider, *Awakening to Awe: Personal Stories of Profound Transformation* (Lanham, MD: Jason Aronson, 2009), 86.

123 Ulrich Ott, Britta Hölzel, and Dieter Vaitl, "Brain Structure and Meditation: How Spiritual Practice Shapes the Brain," in Neuroscience, Consciousness and Spirituality. Studies in Neuroscience, Consciousness and Spirituality, vol. 1, ed. H. Walach, S. Schmidt, and W. Jonas (Dordrecht: Springer, 2011), https://doi.org/10.1007/978-94-007-2079-4_9 .

124 Laura G. Kiken et al., "From a State to a Trait: Trajectories of State Mindfulness in Meditation During Intervention Predict Changes in Trait Mindfulness," *Personality and Individual Differences* 81 (July 2015): 41–46, https://doi.org/10.1016/j.paid.2014.12.044.

125 Rick Hanson, *Neurodharma* (New York: Harmony Books, Random House, 2020), 126.

126 Rick Hanson, "Growing Inner Resources for a Challenging World" (slide presentation, ITRC Building Human Resilience for Climate Change meeting, November 3, 2016), slides 20–24, https://tinyurl.com/2p8wnrjj.

127 哈利（化名）寫給作者們的電子郵件，二〇二二年三月二十二日。

beNature 11

**敬畏：微量正念快速練習術——**

每天一分鐘，重構大腦認知路徑，化解焦慮、倦怠、疼痛，當下活出健康

THE POWER OF AWE: Overcome Burnout & Anxiety, Ease Chronic Pain, Find Clarity & Purpose – In Less Than 1 Minute Per Day by Jake Eagle, LPC and Michael Amster, MD

作者：傑克．伊格爾 Jake Eagle、麥可．阿姆斯特 Michael Amster
譯者：林資香

野人文化股份有限公司 第二編輯部
主編：王梵
封面設計：盧卡斯
內頁排版：藍天圖物宣字社
校對：林昌榮

出版：野人文化股份有限公司
發行：遠足文化事業股份有限公司
（讀書共和國出版集團）
地址：231新北市新店區民權路108-2號9樓
電話：(02)2218-1417　傳真：(02)8667-1065
電子信箱：service@bookrep.com.tw
網址：www.bookrep.com.tw
郵撥帳號：19504465遠足文化事業股份有限公司
客服專線：0800-221-029
法律顧問：華洋法律事務所 蘇文生律師
印製：成陽印刷股份有限公司
初版一刷：2025年2月
定價：480元
ISBN：978-626-7555-63-7
EISBN(PDF)：978-626-7555-644
EISBN(EPUB)：978-626-7555-651

國家圖書館出版品預行編目（CIP）資料

敬畏：微量正念快速練習術：每天一分鐘，重構大腦認知路徑，化解焦慮、倦怠、疼痛，當下活出健康／傑克．伊格爾（Jake Eagle），麥可．阿姆斯特（Michael Amster）合著；林資香譯. -- 初版. -- 新北市：野人文化股份有限公司出版：遠足文化事業股份有限公司發行, 2025.02
360面；15×21公分. --（beNature；11）
譯自：The power of awe : overcome burnout & anxiety, ease chronic pain, find clarity & purpose—in less than 1 minute per day.
ISBN 978-626-7555-63-7（平裝）
1. CST：情緒管理　2. CST：認知心理學
176.52　　114000666

Note: The information in this book is true and complete to the best of our knowledge. This book is intended only as an informative guide for those wishing to know more about health issues. In no way is this book intended to replace, countermand, or conflict with the advice given to you by your own physician. The ultimate decision concerning care should be made between you and your doctor. We strongly recommend you follow their advice. Information in this book is general and is offered with no guarantees on the part of the authors or Hachette Go. The authors and publisher disclaim all liability in connection with the use of this book.

註：本書中的資訊真實且完整。本書僅供希望了解更多健康議題的人參考。本書無意取代、抵銷或與您的醫生給您的建議發生衝突。有關醫護的最終決定取決於您和您的醫生。我們強烈建議您遵循您的醫生的建議。本書的資訊是一般性的，作者或出版社不提供任何保證。作者和出版社不承擔與使用本書有關的所有責任。